STADTANSICHTEN & LANDSCHAFTSBILDER · Band 5

Walter Raabe

Eiderstedt

Westholsteinische Verlagsanstalt Boyens & Co., Heide

Das Wappen von Eiderstedt verweist noch auf die drei Inseln, die zur Halbinsel zusammenwuchsen: Utholm, Everschop und Eiderstedt.

ISBN 3-8042-0583-6

Gestaltung: Günter Pump
Lithos: Gries GmbH, Ahrensburg
Herstellung: Westholsteinische Verlagsdruckerei Boyens & Co., Heide
Printed in Germany

Wer sich als Besucher Eiderstedts an einem schönen Sommertag mit klarer Fernsicht das durchaus erschwingliche Vergnügen eines Rundflugs leistet, wird in besonderer Weise diese reizvolle Landschaft in ihrer Einzigartigkeit erleben und erfahren.

Schon bald nach dem Start kann der Fluggast die gesamte, weit in die Nordsee ragende und damit so klar abgegrenzte Halbinsel überblicken.

Wenn sich dann das flache, von unzähligen, im Westteil oft gewundenen und im Ostteil meist schnurgeraden Gräben durchzogene Marschland mit seinen Deichen, Sielen und Entwässerungsanlagen unter ihm ausbreitet, mag auch der Binnenländer die mitgestaltende Kraft des Menschen erkennen, die sich hier auffälliger als in jeder anderen Landschaft zeigt. Sein Blick wandert über den Außendeich mit dem einförmig grünen Vorland oder den angrenzenden Sand- und Schlickwatten auf die

Hoher Himmel, weites Land, baumumstandene Gehöfte, spürbare Küstennähe: das ist Eiderstedt.

In der aufgelockerten Weite St. Peter-Ordings findet jeder Gast noch ein stilles, einsames Plätzchen. Die für Eiderstedt so untypischen, 30 Hektar großen Kiefernbestände sollten ursprünglich nur die wandernden Sanddünen – sie lagen früher weiter seewärts – aufhalten. Heute bestimmen sie das Bild des Heilbades.

faszinierende Weite des Meeres bis hin zum fernen Horizont, der scharfen Trennlinie zwischen Himmel und Wasser.

Schon jetzt wird der Gast erahnen können, daß dieses Land unter ihm zu allen Zeiten schicksalhaft mit dem Meer, mit dem Wasser verbunden war und noch verbunden ist.

Abgesehen von den kleinen Städten Tönning und Garding entdeckt er von oben nur wenige geschlossene Ortskerne, dafür aber über das ganze Land verstreute, baumumstandene Einzelgehöfte, Häusergruppen und an den Binnendeichen kleine, stark aufgelockerte Häuserketten.

An der Südwestspitze Eiderstedts bei Süderhöft soll unsere „Umrundung" der Halbinsel beginnen. Der Pilot geht – dicht vor der Küste über Wasser fliegend – auf Nordkurs, so daß sich auf der rechten Seite ein herrlicher Blick über das Nordseebad St. Peter-Ording mit seinen Ortsteilen Böhl, St. Peter und Ording bietet. Die vorgelagerte, ca. 15 Kilometer lange Sandbank bildet die Grenze zur offenen See und wird zur Sommerzeit von Tausenden von Urlaubern als idealer Badestrand geschätzt. Viele lustig-bunte Segel bringen Farbe und Bewegung in das „Luftbild": Es sind die Surfer, die den oft heftig blasenden Wind für ihre rasanten Wellenritte nutzen, und die Strandsegler, die hier – einzigartig in

Deutschland – mit Geschwindigkeiten um die 100 Stundenkilometer über die weiten, hindernisfreien Sandflächen jagen können.

Die gut auszumachende, weiß leuchtende Dünenkette und die auffallenden Kiefernwäldchen mögen ebensowenig wie der fehlende Seedeich zu dem Bild passen, das Binnenländer sich von der Marsch machen. Der Pilot kennt die fragenden Blicke seiner Fluggäste schon und ist auf eine klärende Antwort vorbereitet:

Eiderstedt ist erdgeschichtlich relativ jung. Während der letzten Eiszeit lagen die Bereiche der südlichen Nordsee trocken und wurden von jagenden und fischenden Menschen der Altsteinzeit bewohnt. Die Nieder-

Anfänger, Fortgeschrittene und auch Meister des Surfsportes finden – je nach Windstärke – ein ideales Revier vor.

Letzte Vorbereitungen werden getroffen, bevor die Strandsegler-Piloten auf die etwa 20 km lange Regattastrecke gehen.

St. Peter-Ording

Ein kleines Mädchen im Vorschulalter, in der Bahn von Mitreisenden nach dem Wohin seines Familienausflugs befragt, gab fröhlich die Antwort: „Wir fahren nach Sand-Peter." Nun, so abwegig war ihre Auslegung des „St." im Ortsnamen gar nicht mal: denn der Sand hat den Ort geprägt. Er machte den äußersten Westen zunächst zur „Sahelzone" der Halbinsel und brachte dann später nach seiner Entdeckung für den Fremdenverkehr wirtschaftlichen Aufschwung und Wohlstand. Noch 1838 schrieb I. A. Petersen in seinem Buch „Wanderungen durch die Herzogtümer Schleswig, Holstein und Lauenburg": „Von Wittendün gelangen wir baldigst nach St. Peter oder plötzlich aus dem gelobten Land, wo Milch und Honig fließt, auf eine Sandfläche, welche kaum Material für Besen hervorbringt, in eine Gegend, die bei westlichem Winde in Wolken von Sandstaub gehüllt ist." Im Gegensatz zur nahen, wohlhabenden Marsch im Osten herrschten hier Not und Armut. Die Bewohner – um 1800 lebten in St. Peter und Ording nur 738 Menschen – ernährten sich überwiegend von der Küstenfischerei, dem Porrenfang, vom Bergen von Strandgut, von Bernsteinfunden und der Seehundsjagd.

Der zu dieser Zeit lebende Ordinger Lehnsmann Peter Stöhrmann versuchte durch Aufstellen einiger Badekarren und Strandkörbe und den Bau eines hölzernen Zeltes den Badebetrieb an den Ordinger Dünen – zumindest für die Eiderstedter – attraktiv zu gestalten. Aber die Ungunst der politischen und wirtschaftlichen Verhältnisse und nicht zuletzt der zeitaufwendige Anfahrtsweg ließen diesen Versuch scheitern. In einer „Beschreibung der Landschaft Eiderstedt" von Feddersen lesen wir 1853: „Übrigens wurde des Wassers Kräftigkeit und der Wellenschlag und des Bades heilsame Wirkung auf Nervenschwäche und Gicht sehr gerühmt: Und reichten nur die Chausseen bis hier und fände sich ein unternehmender Mann für die nötigen Bauten und Anstalten und Anlagen, so könnte wohl ein Bad auch für Fremde hier eingerichtet werden."

Und in der Tat fanden sich in Pastor Ludwig Henning und dem Gastwirt Friedrich Jensen unternehmende Männer, die nicht müde wurden, für ihre Idee zu werben, die so überaus günstigen Voraussetzungen in St. Peter für die Errichtung eines Seebades zu nutzen. Das Jahr 1877, das Jahr, in dem Friedrich Jensen sein „Strandhotel" baute, wird heute als das Gründungsjahr des Seebades St. Peter angesehen.

Veränderungen in den äußeren Umständen – sei es nun die bessere Verkehrsanbindung oder die so große Ausweitung des Hinterlan-

des – kamen dem weiteren Ausbau des Bades entgegen:

1854 Fertigstellung der Linie Flensburg–Husum–Tönning der Südschleswigschen Eisenbahn.
1867 Schleswig-Holstein wird preußische Provinz.
1871 Gründung des Deutschen Reiches.
1887 Inbetriebnahme der Westholsteinischen Eisenbahn auf der Linie Neumünster –Heide–Karolinenkoog, Dampffähre von Karolinenkoog nach Tönning.

Die Zahl der Badegäste stieg jetzt Jahr um Jahr.

Um den Sand, der sich in den letzten Jahrhunderten mit einer Durchschnittsgeschwindigkeit von immerhin etwa 7 Metern im Jahr ostwärts bewegt hatte, aufzuhalten, veranlaßte der zuständige Deichgraf die Anpflanzung von u. a. Strandhafer, Strandweiden und Kiefern. So entstanden im Raum St. Peter und Ording weiträumige, bepflanzte Dünen-Heide- und Waldgebiete, die neben der großflächigen Badesandbank den Reiz des aufstrebenden Badeortes ausmachten. Aber auch „des Bades heilsame Wirkung" gewann an Bedeutung. 1913 gründete das Arztehepaar Dres. Felten sein bald über die Region hinaus bekanntes Sanatorium „Goldener Schlüssel".

Die Verlängerung der Bahnlinie von Garding nach St. Peter und Ording im Jahre 1932 – vom damaligen Landrat Reeder vehement betrieben – gab der Entwicklung des Bades einen weiteren entscheidenden Impuls.

Der 2. Weltkrieg und die ersten Nachkriegsjahre veränderten das Gesicht des Ortes: Mütter mit ihren Kindern aus den bombengefährdeten Städten bezogen die Quartiere, und später waren es Heimatvertriebene aus den Ostprovinzen und kriegsgefangene deutsche Soldaten, die untergebracht werden mußten.

Aber mit dem wirtschaftlichen Aufschwung und dem wachsenden Wohlstand nach der Währungsreform kamen auch in schnell ansteigender Zahl die Gäste wieder und brachten das Nordseebad in die Aufwindzone.

Aufwertung der Lebensqualität für die Bewohner, Maßnahmen zur Verlängerung der Saison, verbesserte Angebote an Besucher und Kurgäste – um nur einiges zu nennen – waren für die Folgejahre angesagt: Aufbau eines Gymnasiums und Schülerinternates, Anerkennung als Heilbad, Bau eines Kurmittelhauses, Auswertung der entdeckten Schwefelsolequelle, Bau eines Meerwasser-Wellenbades, Schaffung eines Thermalbades . . .

Die Zahl der Ferien- und Zweitwohnungen stieg sprunghaft an.

Der Bau des Eidersperrwerkes mit dem Straßentunnel und die neue Eiderbrücke bei Tönning verkürzten den Anfahrtsweg für die heute überwiegend mit dem Auto anreisenden Gäste erheblich.

Mit 16 784 Gästebetten und 2 182 300 Übernachtungen im Jahr, einem großen Angebot an qualifizierten Kureinrichtungen und komfortablen Unterkünften und nicht zuletzt einem noch intakten umgebenden Naturraum hat sich St. Peter-Ording zu einem der bedeutendsten See- und Heilbäder an der Nordsee entwickelt.

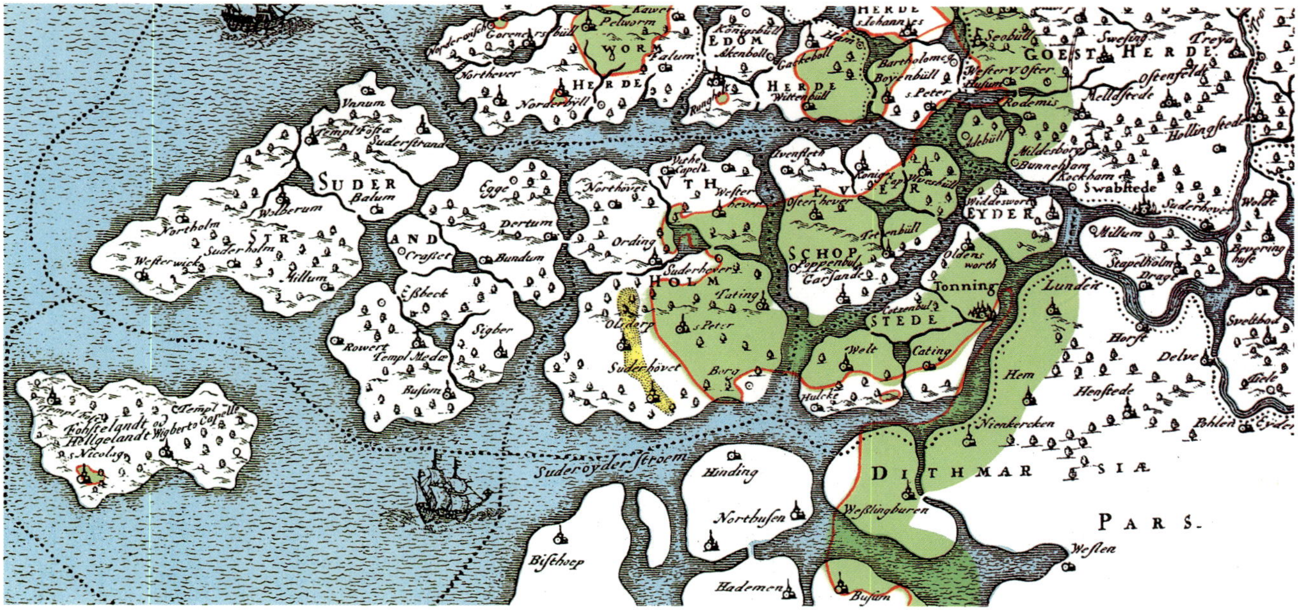

schläge konnten nicht abfließen, weil sie als Eis an den Polkappen und in den Gletschern der Berge gebunden wurden, so daß der Wasserstand des Ozeans ca. 100 m unter dem heutigen Niveau lag. Mit dem Ende der Eiszeit und dem Abschmelzen der Gletscher hob sich der Wasserspiegel. Das Meer überflutete nach und nach die südliche Nordsee.

Vor ca. 5000 Jahren hatte die See an der schleswig-holsteinischen Westküste die noch heute so gut sichtbare Geestgrenze auf der Linie Itzehoe, Heide, Schobüll, Tondern erreicht. Eiderstedt und die anderen Marschen gehörten zu dieser Zeit zum Meeresgrund der Nordsee.

Beim Anstieg des Meeresspiegels kam es zu Umlagerungen gewaltiger Sand- und Schlickmassen. Auch vorspringende Geestbereiche und eine große, flache, in der Hevermündung liegende Geestinsel wurden abgetragen und lieferten das Material für die Bildung von Nehrungen, wie wir sie von der ostpreußischen Küste her kennen. Ein solcher Nehrungswall baute sich auch im Bereich des heutigen Eiderstedts auf der Linie Ording –Tating–Garding–Katharinenheerd auf, während später von Ording bis Böhl ein Strandwall entstand, der durch aufgewehte Dünen so hoch wurde, daß er noch heute auf einer Länge von 860 Metern die Siche-

Der Husumer Kartograph Johannes Mejer schuf um 1640 im Auftrag des dänischen Königs diese – nach heutigen Erkenntnissen fehlerhafte – Karte der „Alten Frieslande" aus der Zeit vor der großen Flut von 1362.

„Alßo haben Sie, alhie gegen dem Waßer, gantze Berge von Erde zusammengeführet"; schreibt der Chronist Peter Sax. Die Großwarft Hundorf in Poppenbüll stammt aus dem 11. Jahrhundert und hat eine Höhe von NN + 4.00 Meter.

rungsfunktion eines Seedeiches übernehmen kann.

In Verbindung mit einem sich ablagernden Strandwall im Raum Witzwort bildeten diese Erhöhungen praktisch das Skelett für den späteren Aufbau Eiderstedts; denn vor etwa 4000 Jahren kam es – unterstützt durch eine beginnende leichte Absenkung des Meeresspiegels – an diesen Wällen zu einer verstärkten Ablagerung von Sedimenten und damit zur Aufschlickung von Watten und Marschland. Die relativ hohen Nehrungswälle ließen schon eine erste Besiedlung um die Zeitenwende zu. Aber auch höher gelegene Uferwälle an den schiffbaren Prielen und Wattströmen wurden schon etwa 100 Jahre später als Wohnplätze in

Besitz genommen, wie Grabungen auf der Warft Tofting, ungefähr drei Kilometer nördlich von Tönning, nachweisen konnten.

Als vom 6. Jahrhundert an der Meeresspiegel wieder leicht anzusteigen begann, schichteten die Bewohner – es waren wohl eingewanderte Friesen – in der Folge Erdhügel, sogenannte Warften, auf, die einen gewissen Schutz vor Überflutungen boten.

Diese Warften lassen sich auf unserem Rundflug überall in der Landschaft leicht erkennen. Das Gebiet des heutigen Eiderstedts wurde von vielen Prielen und Wattströmen durchzogen und war inselartig dem Festland vorgelagert. Drei Harden (Verwaltungsbereiche) bildeten sich

Wie hier die Warften auf Hooge mögen auch im unbedeichten Utholm die Wohnplätze unserer Vorfahren bei Hochwasser ausgesehen haben.

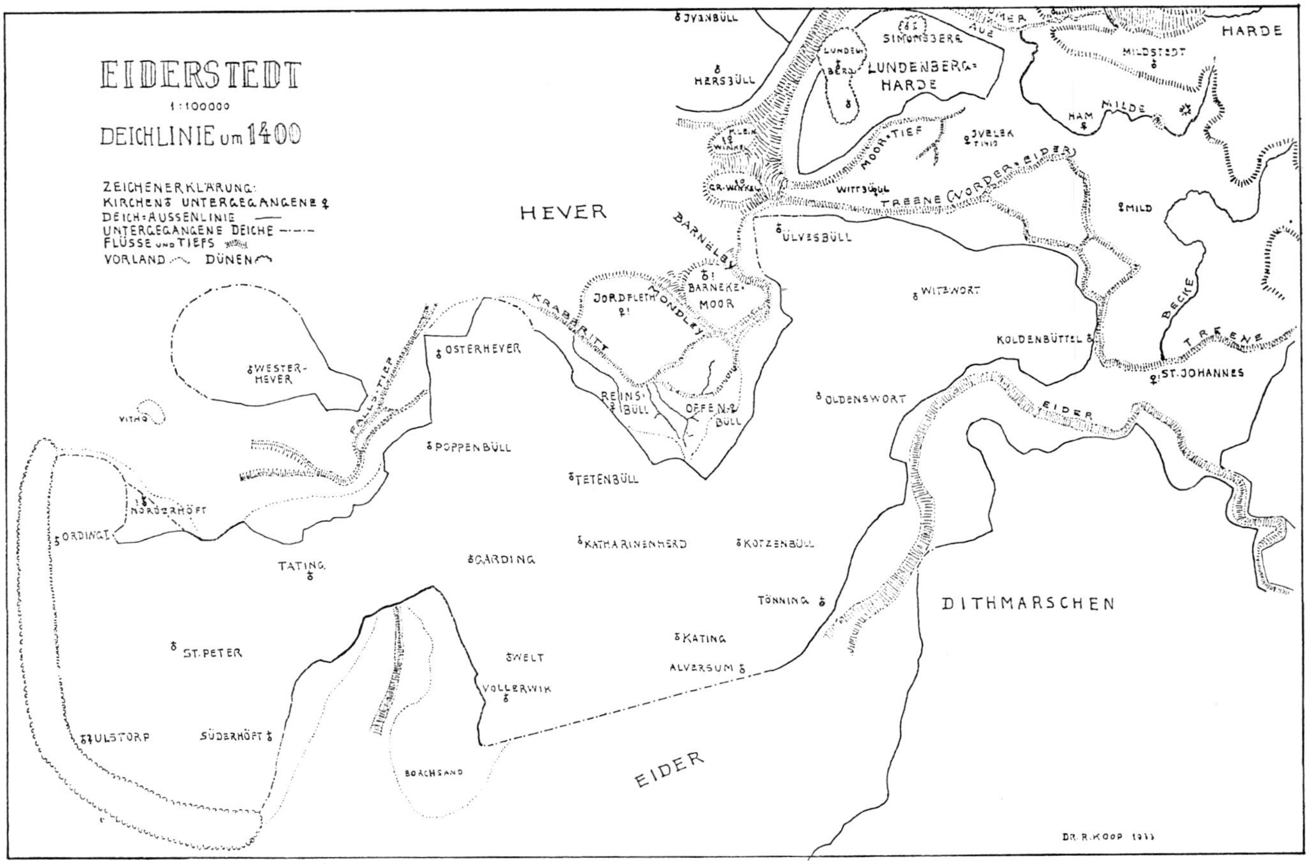

Anfang des 17. Jahrhunderts wird erstmals die Schubkarre beim Deichbau eingesetzt (nach einer Radierung von A. Eckner).

heraus: Die westliche Insel Utholm schloß sich zu einer gleichnamigen Harde zusammen, und auf der östlichen Insel entstanden die Harden Everschop und Eiderstedt. Doch immer wieder sorgte die unruhige See für tiefgreifende Veränderungen. So spaltete um das Jahr 1000 ein Heverarm, das südlich von Westerhever verlaufende Fallstief, Utholm in zwei Inseln, in eine südliche mit Tating und Ording und eine nördliche mit Westerhever. Das Fallstief trat in Verbindung mit der Süderhever, die zuvor die Nehrung zwischen Tating und Garding durchbrochen hatte und damit Utholm von den östlichen Harden Everschop und Eiderstedt trennte.

Im 11. Jahrhundert – auf der Insel Westerhever etwa 100 Jahre später – begannen die Bewohner einfache Deiche zu bauen, um ihren Siedlungsraum zu erweitern und gegen Überflutungen einigermaßen abzusichern. Nach und nach entstanden viele neue Köge. So konnte um 1250 der südliche Teil Utholms durch mehrere Eindeichungen mit Everschop verbunden werden, und um 1300 boten die „Dreilande" – bis auf die Insel Westerhever – schon fast das Bild einer Halbinsel.

Im Grunde ist die Geschichte Eiderstedts nichts anderes als der ständige, harte und oft vergebliche Kampf gegen die Nordsee, eine Geschichte der Sturmfluten, die wieder und wieder gegen die zunächst noch einfachen Deiche brandeten, sie zerschlugen und das Land überschwemmten.

Im Februar des Jahres 1362 brach die wohl folgenschwerste Sturmflut, die Marcellusflut, über die gesamte Nordseeküste von Dänemark bis Flandern herein. Über 100 000 Menschen ertranken. Große Teile Nordfrieslands gingen unter, u. a. das sagenumwobene Rungholt. Auch die Dreilande nahmen schweren Schaden. Die Hever brach bei Witzwort zur Eider durch und machte Eiderstedt wieder zur Insel. Husum wurde zur Hafenstadt. Der Chronist Anton Heimreich schreibt:

„Anno 1362 ist zu Mitternacht die allergrößeste Fluth ergangen (so sonsten de Mandrakelse ist genannt), und ist der mehrer Theil des Volks, so von der Pest, die anno 1351 hat grassiret, übriggeblieben, in Everschop und Utholm ertrunken."

Nach der Devise der Marschbewohner „Wer nich will dieken,

Den Pastoratshaubarg auf der sehr alten „Wogenmannswarft" in Westerhever hat die Gemeinde „wie er jetzo stehet, aus Liebe zu Gott und dessen Dienern im Jahre 1654 bauen lassen", schreibt der damalige Pastor Jessenius.

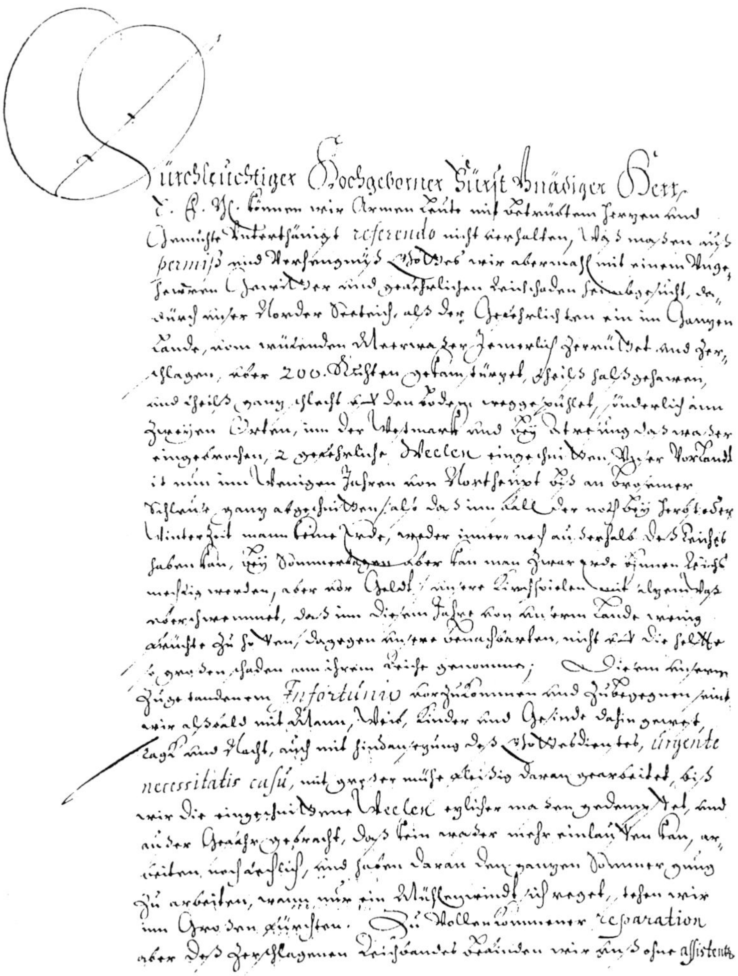
Durchleuchtiger Hochgeborner Fürst Gnädiger Herr,

Nach schweren Sturmflutschäden im Jahre 1643 bitten die Einwohner von St. Peter und Ording ihren Herzog um Hilfe.

mutt wieken“ gingen die Überlebenden wieder an die Arbeit, besserten Schäden aus, bauten neue Deiche, nahmen Rückschläge durch erneute Sturmfluten und schwere wirtschaftliche Belastungen auf sich. Aber sie gaben nicht auf. 1437 gelang mit der Abdämmung des Fallstiefs und der Eindeichung des Heverkooges die Anbindung der Insel Westerhever an Everschop.

Schließlich wurde Eiderstedt mit der Bedeichung des Dammkooges im Jahre 1489 wieder landfest, und bis in unsere Zeit ist es eine Halbinsel geblieben.

Im 16. Jahrhundert eingewanderte Holländer brachten ihre heimischen Erfahrungen für den Bau besserer Deiche mit. Das neue Deichprofil mit einer Neigung von 1:4 (bis dahin 1:2) ließ die Wellen besser auslaufen und nahm ihnen damit einen Teil ihrer Energie. Für einen schnelleren Arbeitsablauf sorgte zudem die von dem Holländer Johann Clausen Kloth bei der Eindeichung des Sieversflether Kooges um 1610 eingeführte Schubkarre. Bis dahin mußte die benötigte Erde mit Körben und mit dem zweirädrigen Pferdekarren (der sogenannten „Störtkoor“) herbeigeschafft werden. Diese gute Tat brachte dem Herrn Kloth den Spitznamen „Johann Rollwagen“ ein.

Im Oktober 1634 brach erneut eine große Sturmflut über Nordfriesland herein. Bei dieser „landsverderblichen Sündenfluth“, wie der Chronist Pastor Anton Heimreich sie nannte, gingen weite Teile der großen Insel Altnordstrand unter. Nur der Bereich der heutigen Inseln Pellworm und Nordstrand mit der Hallig Nordstrandischmoor blieb übrig.

Sturmflut 1962: Vor Westerhever hat es schwere Deichschäden gegeben. Es wird fieberhaft gearbeitet; denn die nächste Flut läuft schon auf.

Auch Eiderstedt wurde wieder arg in Mitleidenschaft gezogen. Allein in Westerhever ertranken 236 Menschen. In einem Bericht an den Herzog Friedrich III. bezifferten die Rats- und Lehnsleute die Gesamtverluste der Dreilande mit 2107 Menschen, 6100 Pferden und Rindern, 6788 Schafen und Schweinen und 664 Häusern.

Welche Anstrengungen notwendig waren, um die entstandenen Schäden zu beheben und durch verbesserte Deiche weitere zu verhindern, ist heute kaum vorstellbar; denn die heute so begehrten „Bundes- und Landesmittel" gab es noch nicht.

Auch im 18. Jahrhundert führten wieder viele schwere Sturmfluten zu Deichbrüchen, großen Schäden und Verlusten an Menschenleben, Vieh und Gebäuden. Besonders hart traf z. B. Westerhever das Schicksal in der Weihnachtsnacht 1717:

An mehreren Stellen kam es wieder zu Deichbrüchen, 32 Menschen

Ein großer „Ausschlag“ an der seeseitigen Deichböschung wird mit einer „Buschmatte“ abgedeckt und durch eingerammte Pfähle und Draht gesichert.

ertranken; und es entstanden vier große Wehlen. In einer bei Ausbesserungsarbeiten im Jahre 1821 im Kirchturm entdeckten Erinnerungstafel heißt es u. a.:

„1717, den 25. Dezember des morgens ist hier eine hohe Flut gegangen, wodurch allhier 32 Menschen ertrunken, viel Häuser weggetrieben.“

1719 ging die Lundenbergharde bei einer großen Flut endgültig verloren. Aber sonst hielten sich die Landverluste in Grenzen. So meldete Westerhever nach einer Sturmflut im Jahre 1751 „nur“ Deichschäden, die immerhin einen Reparaturaufwand von 20 000 Reichstalern erforderten.

Auf einer weiteren, in der Kugel des Kirchturms von Westerhever verwahrten Bleiplatte steht:

„Anno 1791 war bei der Schanze ein Deichbruch und nur durch Eindämmen von Sandsäcken ward unter göttlichem Beistand der Fluth gewehrt; am 9ten, 10ten, 11ten und 14ten Scheffte war damals der Deich so schwach, daß dem Durchbruche

durch Bollwerke gesteuert werden mußte.“
(Ein Schefft war ein Deichabschnitt in bestimmter Länge.)

Als im Februar 1825 eine Sturmflut höher als alle bisherigen auflief, traf es die Inseln und Halligen schwer. Fast 1000 Menschen kamen in den Fluten um.

In Eiderstedt konnten die verbesserten und erhöhten Deiche die Wassermassen im wesentlichen abwehren. Wohl entstanden große Schäden, doch Menschenleben waren nicht zu beklagen. Westerhever erlebte bei dieser Sturmflut seinen bisher letzten Deichbruch.

Wer aber glaubte, daß damit die Zeit der großen und so bedrohlichen Sturmfluten vorüber war, der wurde in der Nacht vom 16. auf den 17. Februar 1962 eines Besseren belehrt. Ein Nordwest-Orkan baute in der freien See acht Meter hohe Wellen auf und trieb die aufgewühlten Wassermassen gegen die Deiche im Norden der Halbinsel. Nur knapp entging Eiderstedt einer Katastrophe. Im Ülvesbüller Koog brach der Deich; 300 Tiere ertranken. Viele andere Deiche waren zwar sehr angeschlagen, hielten aber mit knapper Not stand.

Unterstützt durch Bundeswehr und Technisches Hilfswerk, wurde sofort mit den notwendigen Sicherungsmaßnahmen und der Ausbesserung der Schäden begonnen. Diese Flut war Anlaß, die Deiche an besonders gefährdeten Abschnitten zu erhöhen und weiter zu verbreitern, eine Maßnahme, die dazu betrug, daß

Eine „Stöpe“ ist ein Durchlaß in der zweiten Deichlinie, der bei einem Durchbruch des Seedeiches mit Balken und Sandsäcken abgeschottet wird (Tümlauer Koog).

Der Tümlauer Koog. Vor 60 Jahren erlebte das unbedeichte Vorland noch mehrmals „landunter“ im Jahr.

Der „Hermann-Göring-Koog“, so hieß der Tümlauer Koog damals, nach der Einweihung im Jahre 1936.

die nicht minder schwere Sturmflut im Jahre 1976 weitaus glimpflicher verlief.

Der aufmerksame Fluggast wird auf seinem Rundflug über Eiderstedt noch viele Spuren dieses wechselvollen Kampfes der Menschen gegen die Naturgewalten entdecken.

An der Nordwestspitze der Ordinger Sandbank geht der Pilot auf Ostkurs. Am Ordinger Deich fällt ein breit aufgewehter Sandstreifen auf. Diese Sandschneise dokumentiert eindrucksvoll, daß der vorherrschende Westwind auch heute noch nicht unbeträchtliche Sandmassen in Richtung Küste transportiert. So verwundert es nicht zu hören, daß die heutige, 1724 erbaute Ordinger Kirche zwei Vorgängerinnen hatte, die beide den Wanderdünen zum Opfer fielen. Die erste von ihnen wurde im 15. Jahrhundert erbaut und lag drei Kilometer westlich vom heutigen Standort.

Als nächstes kommt der Tümlauer-Koog ins Blickfeld. Er wurde nach erfolgreicher Eindeichung 1936 eingeweiht. Das Auge hat keine Mühe, als Begrenzung den Außendeich und

den Binnendeich mit den drei „Stöpen" zu erfassen. Viel besser als Worte es vermöchten, begreift man von oben, was ein „Koog" ist. Würde der Fluggast die Köge Eiderstedts zählen, käme er auf weit über 50.

Deutlich ist hier der Norderhever Koog in seinen Umrissen zu erkennen.

Bevor unser Pilot in einer weiten Linkskurve den Deich der Tümmlauer Bucht nach Westerhever abfliegt, macht er einen kleinen Schlenker nach Neukrug, um seinem Gast den noch deutlich erkennbaren Verlauf des im 15. Jahrhundert abgedämmten und dann verlandeten Fallstiefs zu zeigen.

Westerhever, die Halbinsel auf der Halbinsel, liegt in besonders exponierter Lage zur Nordsee. Früher der Inbegriff der Abgeschiedenheit, ist es heute zu einem Geheimtip unter den Touristen geworden. Wenn wir von der Einmaligkeit der Landschaft sprechen, so finden wir sie hier konzentriert und exemplarisch für ganz Eiderstedt. Einen geschlossenen Ortskern sucht der Flieger vergebens, wenn die wenigen, in mittelbarer Nähe der so markanten Kirche stehenden Häuser die Bewohner auch vom „Kirchdorf" sprechen lassen. Einige Großwarften mit einzelnen um den Fething (eine Trinkwasserkuhle) gruppierten Gebäuden, wie wir sie von den Halligen her kennen, sind lebende Zeugen aus der „deichlosen" Zeit. Aber auch auf Einzelwarften liegende, in ihrer Größe so

Der Verlauf des alten Fallstiefs zeichnet sich noch deutlich in der Landschaft ab.

Die Kirche mit dem über 600 Jahre alten Turm auf der NN + 5,00 Meter hohen Warft ist der überragende Mittelpunkt des Dorfes Westerhever.

imponierende Haubarge sind hier noch zu finden. Die Fülle des Sehenswerten und für Eiderstedt Typischen ist schon einige langsam geflogene Runden wert. Der mächtige Außendeich vor Westerhever wurde 1978 auf 8,80 m über NN erhöht und hat eine Sohlenbreite von 108 Metern. Wie die zahlreichen Grundbrüche bei den Verstärkungsarbeiten bewiesen, ist mit diesen Ausmaßen wohl die Belastbarkeit des Untergrundes nahezu erreicht; denn im Gegensatz zu Dithmarschen liegt die Eiderstedter Marsch auf einem weichen, instabilen Untergrund.

Im Süden und Westen sind dem Deich weite Vorländereien vorgelagert, die im Niveau über dem Mitteltidehochwasser liegen und damit höher sind als das Land hinter dem Deich. Für das Binnenland gibt die Höhenkarte hier Werte an, die entweder geringfügig über oder unter NN liegen. Das bedeutet, daß jedes Mitteltidehochwasser Westerhever – wäre es unbedeicht – überfluten würde.

Das grüne Vorland hat darum bei Sturmfluten eine große Bedeutung für den Deichschutz, denn eine Welle kann nie höher sein als der Abstand zwischen Wasserspiegel und Untergrund. Um dieses „Öwer“, wie die Einheimischen das Vorland nennen, zu erhalten, läßt das Amt für Land-

In diesem Bereich vor Westerhever muß der Deich besonders stabil sein; denn ohne dämpfendes Vorland kann der Nordwest hohe Wellen von großer Wucht aufbauen. Der Deichfuß ist mit einem Steindeckwerk gesichert.

Die Abbruchkante, die Grenze vom aufgeschwemmten, grünen Vorland zum Sandwatt.

und Wasserwirtschaft immer wieder „Grüppel“ ausheben, in denen sich bei einlaufender Flut mitgeführte Sedimente ablagern und damit das Land weiter erhöhen. Auch für die Entwässerung dieses Gebietes sind sie notwendig.

Hunderte von Schafen bevölkern die weiten grünen Flächen, die noch vor 25 Jahren bei weniger intensiver Nutzung im Spätsommer mit großflächigen, lilafarbenen Blütenteppichen des Halligflieders, der Bondesstabe, gesprenkelt waren. Viele Wat- und Seevögel finden hier und auf den angrenzenden Muschelsänden ein ideales Revier für ihr Brutgeschäft. Der reichgedeckte Tisch im amphibischen Wattenbereich liegt dabei dicht vor der „Haustür“.

Ein freundlicher Hinweis sei gestattet:

Wanderer sollten unbedingt die vor der Brutzeit aufgestellten Schilder beachten und den Bereich der Nistplätze meiden. Im Frühjahr und Herbst fallen auch noch Tausende von Wildgänse hier ein, um sich vom kurzen Gras auf den Salzwiesen einen Energievorrat für den Weiterflug anzufressen.

Von der äußeren Kante des Vorlandes führt ein halbstündiger Fußmarsch über weite Sandwattflächen zur erhöht liegenden, an den Heverstrom grenzenden Westerhever Sandbank. Hier ist „Badeleben pur“ angesagt! Keine Abgase verpesten die reine Nordseeluft, weil alle Autos auf dem Parkplatz hinter dem Deich bleiben müssen. Jeder, der schon einmal an Bord eines Flugzeuges war, weiß, daß aus der Höhe die Entfernungen zusammenschrumpfen. Weit schweift der Blick nach Norden über die riesigen, weiß leuchtenden Außensände Süderoogsand, Norderoogsand und Japsand, die die Grenzlinie zwischen dem nordfriesischen Wattenmeer und der offenen Nordsee markieren.

Unser Pilot möchte deshalb die bei Ebbe freifallenden Sandbänke im Mündungsbereich der Hever, die

Mittelplaten und die Lorenzenplate vor Westerhever sowie die Wattgebiete zwischen Pellworm und Langeneß anfliegen. Daß er hierbei eine Höhe von mindestens 2000 Fuß einhält, entspricht einer freiwilligen Beschränkung des Luftsportverbandes, denn auf keinen Fall soll es zu Störungen der vielfältigen Tierwelt im Wattenmeer kommen.

Unser Abstecher zu den Sandbänken lohnt sich:

Hunderte von Seehunden lassen sich auf den Sänden die Sonne auf das kurzhaarige, hellgraue Fell scheinen. Schon vor dem Trockenfallen der Bänke tummeln sie sich dichtgedrängt im seichten Wasser über den höchsten Stellen der Sandbänke. Sie „robben“ dann in ihrer typischen Bewegung mit dem weiter ablaufenden Wasser bis zur Ebbelinie, in deren Nähe die Bank meist steil in einen tiefen Priel oder Strom übergeht. Sandbänke mit flachem Abfall zum Wasser, wie z. B. Süderoog-Sand, werden von den Seehunden gemieden, weil sie bei Gefahr ein schnelles Entkommen und Wegtauchen behindern würden.

Das „Robben“ von den höheren Bereichen bis zur Ebbekante der Sände hinterläßt eine deutliche Spur, die oft als Fluchtspur gedeutet wird.

Einsamkeit, unendliche Weite, Freiheit: auf der Sandbank vor Westerhever.

Blick von Norden nach Süden: Jappsand, Norderoogsand, Süderoogsand. Die riesigen Außensände verlagern sich langsam, aber stetig ostwärts.

Sobald bei einsetzender Ebbe die höchsten Stellen der Sandbänke trockenfallen, sind die Seehunde zur Stelle.

Diese Deutung ist jedoch nicht zutreffend, denn kein Seehund wird sich jemals in einer der Länge der Spur entsprechenden Entfernung von der rettenden Prielkante aufhalten.

Beim Weiterflug nach Norden breitet sich unter uns eine faszinierende, in dieser Art auf der Erde wohl einmalige Naturlandschaft aus. „Schwimmen" bei Flut die Inseln und Halligen in der aufgelaufenen Nordsee wie Klöße in der Buttermilch, so erscheinen sie bei Ebbe fest eingebettet in die weiten Sand- und feuchtglänzenden Schlickwatten, in denen sich in großartigen Farb- und Lichtspielen der blaue Himmel und weiße Kumuluswolken spiegeln.

Es sind Eindrücke, denen sich kein empfindsamer Mensch entziehen kann. Wie ein kunstvoll gestaltetes Adersystem wirken von oben die

Die faszinierende Welt der Halligen und Inseln: Hooge, Pellworm, Nordstrand.

weitverästelten Priele, die in die mächtigen, auch bei Ebbe noch tiefen Wattströme münden.

Wer wird sich bei diesem Anblick noch der Notwendigkeit eines Schutzes dieses Wattenmeeres verschließen können, wenngleich es sich, wie die letzten Jahrhunderte gezeigt haben, nicht in einer bestimmten – auch nicht der jetzigen – Form „konservieren" läßt.

Es wird immer der Dynamik einer unberechenbaren Nordsee, die in den letzten 700 Jahren mehr genommen als gegeben hat, ausgesetzt bleiben. Das Unbeständige ist das einzig Beständige im Wattenmeer.

Zwischen Pellworm und Langeneß entdecken wir bei Hohlebbe im Bereich der sogenannten „Norderplate" weiträumige Spuren im Watt, die deutlich auf eine frühere Besiedlung hinweisen. Man kann es kaum glauben, daß die noch sichtbaren Ackerfurchen, Gräben und Umrisse von Warften Zeugen der 1634 in den aufgepeitschten Fluten der Nordsee zerrissenen und untergegangenen Insel Strande (Altnordstrand) sind. Auf dem Rückflug sieht der Pilot seinen Gästen an, daß sie ihren Gedanken nachhängen und sich vielleicht die letzten Stunden der in den Fluten Ertrunkenen vorstellen. Aber ganz sicher werden sie auch verstehen, daß man eine Landschaft wie Eiderstedt nicht sich selbst überlassen

Ein aufregender Anblick: Kulturspuren im Watt. Hier lag einmal das Marschendorf Westerwold, das 1634 bei einer einzigen Sturmflut mit weiten Teilen der Insel Strande unterging.

darf, daß sie der ständigen Bearbeitung und Pflege ihrer Deichbereiche bedarf, sollen nicht eines Tages auch von dieser Landschaft nur Spuren im Watt bleiben.

An der Südseite des an den Heverstrom grenzenden ca. 15 qkm großen Süderoogsandes entdeckt der Fluggast schon von weitem ein mächtiges, auf Bongossi-Holzständern ruhendes, ca. 25 m hohes Bauwerk, das für einen Binnenländer nur schwer zu deuten ist. Es ist ein Seezeichen mit integriertem Rettungscontainer für Schiffbrüchige, eine Bake also, die den Schiffsbesatzungen bei Tage als Sichtmarke dient und bei Nacht als Leuchtfeuer mit ausstrahlender Kennung und den Farben Weiß, Grün und Rot eine Navigationshilfe für die nicht ungefährliche Einfahrt in die Hever bietet. Korrespondierend übernimmt der im Jahre 1907 fertiggestellte, inzwischen bundesweit bekannte Leuchtturm auf Westerheversand diese Aufgabe an der Südseite der Hevermündung. Eine Million Mark hatte der aufwendige Turmbau damals gekostet.

Zunächst mußte 900 Meter vom Außendeich entfernt eine ca. 6 m hohe Warft als Hochwasserschutz aufgesetzt werden, durch die zur Sicherung des im Durchmesser elf Meter

Die Bake auf Süderoogsand. Ab und an gibt der Sand Planken frei – stumme Zeugen vergangener Schiffskatastrophen.

In ganz Deutschland bekannt: der Leuchtturm auf Westerheversand.

Die Hevereinfahrt zwischen Westerheversand und Süderoogsand, die so vielen Seeleuten zum Verhängnis wurde.

messenden Betonfundamentes 127 Eichenpfähle in Baumlänge bis zum tragfähigen Untergrund gerammt wurden. Das Licht einer 2000-Watt-Glühbirne wird durch ein Linsensystem verstärkt und hat aus einer Höhe von 41,5 m über NN eine Reichweite von ca. 50 Kilometern. Neben weißem, grünem und rotem Dauerlicht sorgen elektrisch gesteuerte Blenden in bestimmten Sektoren für Blitzfeuer mit besonderer Kennung. Es ist schon eine Deichwanderung bei abendlicher Dunkelheit wert, das gespenstische Aufblitzen des starken Feuers zu beobachten.

Wurde der notwendige Strom bis 1950 noch im Maschinenhaus des Turmes durch ein Dieselaggregat mit einem angeschlossenen Gleichstromgenerator erzeugt, so wird seitdem die Energie über ein Erdkabel vom Festland zugeführt. Als dann 1979 auch noch die Schaltung des Leucht-

Dezember 1929: Die gestrandete „Konstantis Lemos" auf Westerheversand.

feuers über eine Fernsteuerung erfolgte, verließ der letzte Leuchtturmwärter den wohl höchsten Arbeitsplatz in Eiderstedt.

Überblickt man aus dem Flugzeug das mit Sandbänken gespickte Mündungsgebiet der Hever, so gehört nicht viel Phantasie zu der Erkenntnis, daß diese Einfahrt in früheren Zeiten nur mit großen Schwierigkeiten zu bewältigen war. Leuchtfeuer, Echolot, Funk, Radar, Decca- und Satellitennavigation – heute Standardausrüstung – gab es noch nicht. Schlechte Sicht und Sturm überforderten oft die Kunst der Navigatoren, die Einfahrt an den gefährlichen Sänden vorbei zu finden. Immer wieder kam es zu Strandungen, und viele Seeleute ertranken.

Dies belegen Angaben aus der Strandungschronik von Süderoog (entnommen aus der Schrift von Peter Buchwald: Die Bake auf Süderoog-Sand):

„1811, den 25ten Dezember, Daniel Breiser von Schweden, mit Holz beladen. Fünf Mann kamen glücklich nach Süderoog, und drei Mann erfroren auf dem Sande.

1812 im Sommer strandete bei der Südwestecke am Sande ein Sonderburger Schiff. 10 Mann der Besatzung ertranken und 2 Mann kamen mit einem kleinen Boot bei der Hallig an.

1835 strandete das Brieg-Schiff ‚Forster' von England ohne Masten und Mannschaft.

1843 im Frühjahr strandete Peter

Schlepper ziehen den Dampfer über einen handgegrabenen Kanal ins freie Fahrwasser.

Carstensen aus Friedrichstadt von Bremen kommend mit Steinen beladen auf Strand.

1904, den 6ten Oktober strandete auf Engelsand der russische Schoner Maria aus Libau. Das Schiff wurde total wrack, die Mannschaft ertrank."

Für die Bergung von Schiffen und Besatzungen, aber auch von Ladung wurde den Halligleuten ein Bergelohn gezahlt. Über ihn gibt die obengenannte Chronik ebenfalls Auskunft:

„1870, den 5ten November ... Von diesem Schiff erhielten wir für unseren Anteil 7500 Mark.

1870, den 13. und 14. November ... Bergelohn 30 Pfund Sterling.

1870, den 24ten Dezember ... Kostgeld für die Mannschaft 1250 Mark, Bergelohn 1000 Mark."

So wurden Strandungen natürlich auch zu einer willkommenen Einnahmequelle. Unter diesen Umständen mag die angeblich früher übliche Bitte in der sonntäglichen Predigt zumindest verständlich erscheinen: „Gott segne den Strand!"

Noch in einer 1925 geschlossenen Übereinkunft zwischen einem Hamburger Bergungsunternehmen und dem Strandvogt über die Höhe des Honorars bei „ersten Meldungen", die zu erfolgreichen Bergungsaufträgen führten (no cure – no pay!), heißt es am Schluß:

„Wir hoffen, daß Sie bald Gelegenheit haben werden, in beiderseitigem Interesse tätig sein zu können."

Aber auch der tückische Westerheversand auf der südlichen Seite der Hevereinfahrt wurde vielen Schiffen zum Verhängnis. So strandete in der Nacht vom 6. auf den 7. Dezember 1929 in einem orkanartigen Südweststurm der 7200 t große griechische Frachtdampfer „Konstantis Lemos" mit einer 28köpfigen, aus Indern, Afrikanern, Chinesen, Italienern und Griechen bestehenden Besatzung ca. 1000 m westlich des Leuchtturms. Ein auf die Notsignale hin ausgelaufenes Ordinger Rettungsboot konnte wegen der schweren See keine Hilfe leisten. Das Schiff brach zum Glück in der Brandung nicht auseinander, und die Seeleute konnten am nächsten Morgen bei Ebbe zu Fuß das Festland erreichen. Sie kehrten bald in ihre Heimat zurück. Nur der Kapitän, der Steuermann und der Funker mieteten sich in Westerhever ein. Mit einem Kostenaufwand von 25 000 Reichsmark konnte der mit einer Million Mark bei Lloyds in London versicherte Dampfer über einen von Hand gegrabenen Kanal von zwei starken Schleppern im März 1930 ins offene Fahrwasser gezogen werden. Allein der Kapitän, ein wohlhabender Reeder aus Patras, soll in den drei Monaten seines Aufenthalts sehr freigiebig 25 000 Reichsmark unter die Leute gebracht haben. Wen wundert es, wenn die Bewohner hinter dem Deich nach einem Sturm insgeheim auf weiteres derartiges „Strandgut" hofften?

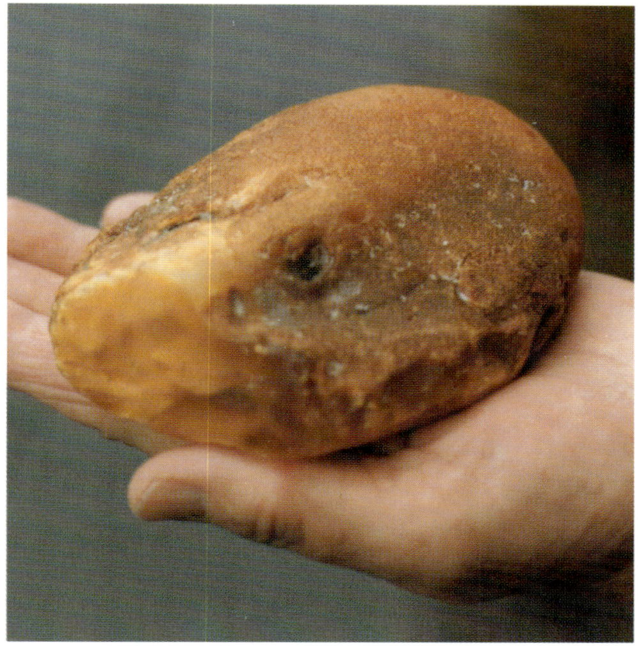

Auch heute gibt es noch wertvolles „Strandgut": Bernstein

Häufig wurden auch Decksladungen, die bei Sturm über Bord gegangen waren, oder Güter von untergegangenen Schiffen auf den Sandbänken zu beiden Seiten der Hevermündung angespült. So heißt es in der Strandchronik von Süderoog:

„1876 strandeten wir 108 Ballen Tabak.

Westerhever um die Jahrhundertwende.

1877 im Februar strandeten wir eine Tonne Wein, eine Tonne Öl, 3 Tonnen Fett, eine Tonne Talg und einen Block Nußbaumholz.“

In Westerhever weiß man heute noch von angeschwemmten Herrlichkeiten zu berichten. Wie ein Lauffeuer verbreitete sich in der Neujahrsnacht 1913/14 die Nachricht: Wein auf dem Strand! Die windstille Mondnacht nutzte man, um in allen nur möglichen Gefäßen, sogar Milchkannen, den kostbaren Fund – es war französischer Rotwein – zu bergen. Da manche die anfängliche „Weinprobe“ zu ausgiebig genossen, soll es zu ergötzlichen Szenen gekommen sein. Die nächste Flut und aufkommender Wind räumten den so überreichlich gedeckten „Strandtisch“ ebenso schnell wieder ab. Ein anderes Mal waren es viele Kisten mit kanadischer Butter und Tonnen mit Speiseöl, die – in Kriegszeiten angespült – die magere Kost verbessern halfen. Wasserdicht verpacktes Schreibpapier war in gleicher Weise willkommenes Strandgut wie Kisten mit Rasierklingen, Apfelsinen und Nutzholz. Manchem Holzschuppen sieht man noch heute die Herkunft seines Baumaterials an. Aber auch kleinere Holzstücke und Splitterholz waren in der holzarmen Marsch, wo man sogar „Schapskködeln" als „Strandbriketts" verfeuerte, als Brennholz immer begehrt.

Bevor der Pilot nun von Westerhever aus die Nordküste Eiderstedts abfliegt, umkreist er noch einmal die auf einer auffallend hohen Warft liegende, markante Kirche. Sie wurde 1370 als Nachfolgerin der „Capelle St. Veith" errichtet, nachdem diese im Bereich des heutigen Westerheversand in der großen Flut von 1362, der „Mandränke", untergegangen war. Der Überlieferung nach soll sie aus den Trümmern der geschleiften Wogemannsburg, einer nahen Seeräuberbehausung, erbaut worden sein, die 1370 beherzte Uthländer unter Führung ihres Stallers Ove Hering erstürmt und zerstört hatten. 1804 brach man die inzwischen baufällig gewordene Kirche ab und baute sie in verkleinerter Form wieder auf. Nur der als Sichtmarke in internationalen Seekarten eingetragene Turm mußte in seiner alten Form und Substanz erhalten bleiben. Er wurde später durch zwei mächtige, gemauerte Stützpfeiler abgesichert. Die Glocke – sie wurde 1805 umgegossen – gibt in ihrer Inschrift Auskunft über ihr Alter:

„Ut fuer bin ick geflaten. M. Melcher Lucas, Klockengeeter ut Husum, hett mi gegaten Ao 1597."

Der älteste Taufstein der Landschaft in der Kirche zu Westerhever.

Im Innern der Kirche findet man den aus Sandstein gehauenen, ältesten und einzigen romanischen Taufstein der Landschaft. Er lag – in Unkenntnis seines Wertes – von 1805

Professor Alberts vor seiner Staffelei.
Das Bild, die Kirche von Westerhever, ist im Nissenhaus in Husum ausgestellt.

bis 1900 im Turm vergraben. Über diesem beachtenswerten Stein hängt ein Bild des 1860 auf dem Siekhof in Westerhever geborenen Malers Prof. Jakob Alberts. Es ist eine von ihm in München geschaffene Kopie des van-Dyck-Bildes „Die heilige Familie".

Jacob Alberts ist eine der bemerkenswertesten Künstlerpersönlichkeiten Eiderstedts und der berühmteste Sohn seines Heimatdorfes. Wenn er auch als „Maler der Halligen", wie auf seinem Grabstein auf der Westerhever Kirchwarft zu lesen, letztlich seinen Ruhm begründete, so wäre es zu eng gefaßt, ihn als Heimatmaler zu bezeichnen. Nach seinen Studienjahren und vielen Auslandsaufenthalten, lebte er längere Zeit in Berlin. Er war Mitglied der „Elf" und vertrat an der Mal- und Zeichenschule das Fach Porträtzeichnen. Seine bekannteste Schülerin war die junge Paula Modersohn-Becker. Im Sommer zog es ihn immer wieder auf die Halligen.

Für den Flug entlang der Nordküste der Halbinsel wählt der Pilot schließlich Stufhusen – eine der ältesten Großwarften – als Ablaufpunkt. Deutlich erkennt der Gast den „Fething" in der Mitte der Warft, der vor 30 Jahren noch wie in früheren Zeiten als Wasserreservoir für Mensch und Tier genutzt wurde. Er war in der deichlosen Zeit die absolut wichtigste Einrichtung auf der Warft,

Das Altarbild ist ein Geschenk des Malers Jacob Alberts an seine Heimatgemeinde Westerhever.

Die Großwarft Stufhusen war schon bewohnt, bevor es Deiche gab. Mit dem Fething in der Mitte hat sie ihren Halligcharakter bis heute bewahrt. Die Warft steht unter Denkmalschutz.

führten doch alle Priele und Wasserläufe nur ungenießbares Salzwasser. Zu dieser Zeit legte man in Eiderstedt auch sogenannte Tauteiche an, die nicht wie die Fethinge durch Regenwasser, sondern durch Kondenswasser gespeist wurden. Die Tauteiche lagen an den höchsten Stellen der Warft, und ihre Wirkungsweise ergab sich aus der ausgeklügelten Isolierung ihrer Wandungen. Um eine möglichst große Berührungsoberfläche mit der Luft zu erreichen, wählte man beim Bau die flache Muldenform. Nach dem Aushub wurden die Teichwände sorgfältig mit einer Stroh- oder Schilfschicht abgedeckt, die wiederum einen lückenlosen Auftrag aus ausgesuchtem und säuberlich durchgeknetetem Ton erhielt. Diese Bauweise bewirkte ein Absinken der Teichwassertemperatur und damit eine verstärkte Kondensation der Luftfeuchtigkeit zur Nachtzeit. Einige dieser Tauteiche sind bei unbeschädigter Isolierschicht bis in die heutige Zeit funktionstüchtig geblieben und selbst in extremen Trockenzeiten mit Wasser gefüllt. Von hier aus läßt sich die Deichlinie bis zur ca. 30 km entfernten Kreisstadt Husum optisch gut verfolgen. Die gesamte Länge der Eiderstedter Seedeiche beträgt ca. 67 km, davon sind ca. 55 km grüne Grasdeiche, ca. 11 km schwarze Asphaltdeiche, und auf einer Länge von 860 m übernehmen im Raum

Aus der Luft läßt sich die Nordküste der Halbinsel bis Husum hin verfolgen.

Gerade zieht der Krabbenkutter die Kurrbäume an, um den Fang an Bord zu nehmen.

St. Peter-Ording Dünen die Aufgabe des Deiches.

Während nun auf der linken Seite der Maschine langsam tuckernde Krabbenkutter, einzelne vollbesetzte Ausflugsdamper und schon recht ansehnliche Küstenmotorschiffe im Heverstrom die Aufmerksamkeit auf sich ziehen, gibt es auf der rechten, der Deichseite, manch Wissenswertes zu sehen. So wird der Pilot seinem Gast eine neben der früheren Entwässerungsschleuse gelegene Stelle zeigen, von der aus ein zu Beginn des ersten Weltkrieges gekapptes Überseekabel nach England führte. Soweit erreichbar, gruben es einige pfiffige Männer nach Kriegsende aus und besserten mit dem Erlös aus dem verkauften Kupfer ihr schmales Einkommen auf.

Die „Heerstraße" in Westerhever wurde im Dreißigjährigen Krieg als Nachschubweg für die Besatzung der Schanze (am Deich) angelegt.

Schon einige hundert Meter weiter erscheint unmittelbar am Deich eine größere Warft. Sie trägt noch heute den offiziellen Namen „Schanze". Der zu ihr hinführende Weg heißt „Heerstraße". Beide Namen erinnern an den Dreißigjährigen Krieg, der auch das abgelegene Westerhever und andere Ortschaften der Landschaft nicht unberührt ließ. 1626, nach der Schlacht bei Lutter am Barenberge (Sieg Tillys über den Dänenkönig Christian IV.) landeten hier flüchtige dänische Soldaten mit einem Schiff und berichteten von den Schrecknissen und dem Grauen des Krieges. Die Eiderstedter richteten sich zur Verteidigung ein und bauten an dieser und an anderen Stellen Schanzen. Als dann 1627 der kaiserliche Obrist Carboni mit seinen Truppen in Eiderstedt einrückte, verzichteten die Verteidiger angesichts der Übermacht auf eine Gegenwehr. Gemeinsam mit den Besatzern mußten die Bewohner nun die Schanzen weiter ausbauen. Der Zufahrtsweg wurde zur „Heerstraße", auf der die Soldaten täglich zur Ablösung der Schanzwachen entlangzogen. Die Einheimischen hatten in dieser Zeit viel zu leiden. 1629 landete von See her ein dänisches Korps und vertrieb die Kaiserlichen, die vorher noch die mühsam errichteten Schanzenanlagen durch die Einwohner zerstören ließen. Die große Schanzpforte

Der Küstenschutz beginnt schon vor dem Deich: Lahnungen und Grüppelfelder bauen ein hohes, wellendämpfendes Vorland auf.

schenkte man der Kirche. Aber auch die „Befreier" holten sich aus der Landschaft, was sie verwenden konnten und ihnen nützlich erschien.

Es blieb wenig Zeit, die Kriegsschäden auszubessern; denn schon 1634 brach ein noch größeres Unheil über die Dreilande herein, das Tod und Verderben brachte: die große Flut!

Wir verlassen jetzt Westerhever und erreichen den langgestreckten Norderheverkoog, dessen Bedeichung im Oktober 1938 mit der Einweihung abgeschlossen wurde. Schon 24 Jahre später, nämlich im Februar 1962, hätte die von einem Nordwestorkan aufgepeitschte Nordsee den Deich um Haaresbreite wieder zerfetzt und das Land überflutet.

In Abschnitten mit starker Strömung bieten mehrreihige Lahnungen Schutz vor Unterspülung. Die Zwischenräume werden in Abständen mit Erde verfüllt.

Die Bewohner und auch das aufgestallte Vieh waren bereits evakuiert. Die eintretende Ebbe gab dann den Blick auf die erschreckenden Ausmaße der schweren Schäden an der Außen- und Innenseite des Deiches frei und ließ erkennen, wie nahe man einer nächtlichen Katastrophe gewesen war.

Der Fluggast wird jetzt begreifen, warum der Küstenschutz und die Deichsicherung in Eiderstedt einen so hohen Stellenwert haben. Entlang der gesamten Nordküste kann er nämlich die vor dem Deich liegenden Grüppelfelder und Lahnungssysteme erkennen, die dem Zweck dienen, das dem Deich vorgelagerte Land, das Vorland, zu erhöhen; denn weites und hohes Vorland schützt den Deich durch Dämpfung der Wellen und verhindert ein Unterspülen durch sich ausweitende Priele.

Lahnungen sind Zäune, die aus zwei eingerammten Pfahlreihen bestehen, zwischen die Tannenbusch gepackt, festgestampft und mit Draht befestigt wird. Aneinandergereiht haben sie an der Eiderstedter Küste eine Gesamtlänge von rund 161 Kilometern. In den Lahnungen, die unterschiedlich lang sind, aber meist eine Fläche von 200 × 200 m Größe einfassen, wird das auflaufende Wasser beruhigt, so daß sich Schlick- und Sandpartikel ablagern können. Innerhalb dieser Fläche werden

Auch in den Schlickwatten werden heute Maschinen zum Grüppen eingesetzt.

20 cm tiefe und 1 m breite Grüppel ausgeschachtet. Haben sie sich in drei bis vier Jahren wieder mit Ablagerungen gefüllt, wird neu gegrüppelt, und der Aushub wird auf das „Beet“ – die Fläche zwischen den Grüppeln – geworfen. Auf diese Weise „wächst“ das Vorland bis zu einer Höhe auf, die deutlich über dem Mitteltidehochwasser liegt. Pflanzen, allen voran der Queller, siedeln sich an, und es entsteht allmählich eine „Salzwiese“, die allerdings der ständigen Pflege bedarf. Grüppel sorgen für die notwendige Entwässerung, und Schafe als vierbeinige „Rasenmäher“ halten das Gras kurz, damit es gut verwurzelt und widerstandsfähig gegen Überflutungen wird.

Solche Arbeiten zur Gewinnung von Vorland dienen heute nur noch dem Küsten- und Deichschutz und nicht mehr wie in früheren Zeiten der Gewinnung von Land für eine landwirtschaftliche Nutzung.

Kurz hinter dem Norderheverkoog kommt vor Tetenbüllspieker ein Deichdurchlaß in Sicht, das Ever-

Die Dreikammerschleuse „Everschopsiel“ wurde 1969 nach Eindeichung des Jordfleeter Koogs gebaut und verbessert die Entwässerung erheblich.

Westerhever Herbst 1931: Die Ländereien stehen weiträumig unter Wasser, und der Siekweg ist nahezu unpassierbar.

schopsiel mit dem binnendeichs gelegenen großen Speicherbecken, und erinnert an ein Hauptproblem der Marsch: die Entwässerung.

Zwar erreichte man mit dem Bau von Deichen einen gewissen Schutz vor Sturmfluten, handelte sich aber gleichzeitig ein neues Problem ein. Konnte das Niederschlagswasser davor über die Priele in die See ablaufen, so mußte man jetzt eine Möglichkeit schaffen, dieses Wasser durch den Deich ins Meer zu leiten, ohne daß dessen Salzwasser in die Marsch eindrang.

Dieses technische Problem wurde so gelöst: Man verband ein ausgeklügeltes und vernetztes System von Gräben mit einem größeren Graben, einem „Sielzug", der das Wasser aufnahm und zu einem Deichdurchlaß, einem Siel, führte, von dem es über einen meist künstlich geschaffenen Priel in die Nordsee abfließen konnte. Da aber zwei Drittel der Eiderstedter Marsch deutlich unter dem Mitteltidehochwasser liegen, konnte die Entwässerung folglich nur zur Ebbezeit erfolgen. Das Siel wurde zu diesem Zweck mit einem massiven, zweiflügeligen Holztor versehen, das sich durch den unterschiedlichen Wasserdruck selbsttätig öffnete und schloß. Überstieg die aufkommende

Sechzig Jahre später: Die verbesserte Entwässerung zeigt Wirkung. Weg und Ländereien liegen trocken.

Flut den Binnenwasserspiegel, schloß sich das Tor. Wurde bei einsetzender Ebbe der Innendruck größer, öffneten sich die Flügel, und die Niederschläge flossen ab. Anhaltende Herbststürme verursachten aber oft einen anhaltend hohen Außenwasserstand, so daß sich die Tore nicht oder nur viel zu kurz öffnen konnten und es bei hohen Niederschlagsmengen zu großflächigen Überschwemmungen kam.

Die früher noch nicht befestigten Wege, die Kleiwege, weichten dabei bis zur Unbenutzbarkeit auf bzw. standen völlig unter Wasser. Noch nach 1950 finden wir Berichte in der lokalen Presse, die auf solch hinderliche Überschwemmungen hinweisen: Schulkinder mußten den Unterricht versäumen, weil die Wege unter Wasser standen, oder in einem anderen Fall mußten für Siedlungshäuser bestimmte Dachziegel in Rucksäcken von der festen Straße zu den Baustellen getragen werden. Natürlich ergaben sich auch für die Landwirtschaft nicht unerhebliche Belastungen und Schäden.

Besonders schwierig gestaltete sich die Entwässerung auch dadurch, daß das höhere Niveau vorgedeichter Köge ein Abfließen des Wassers aus dem Hinterland behinderte, wie es z. B. beim Abfluß aus den niedriger gelegenen Ländereien des Holm- und des Heverkooges (Poppenbüll) über die 1861 eingedeichte „Tümlauer Hallig" (genannt: Süderheverkoog) der Fall war. Um den Höhenunterschied von ca. acht Fuß zu überwinden, schaffte man zum Betrieb eines Schöpfwerkes eine Dampfmaschine an, die sich aber als zu unwirtschaftlich erwies. Jeder „Puff" kostete 50 Pfennig, wie sparsame Gemeindeväter errechnet hatten. So endete sie bald beim Schrotthändler, und eine Windmühle – übrigens eine Zierde der Landschaft – trat an ihre Stelle. Über 60 Jahre, nämlich bis zum Einbau einer elektrischen Pumpe im Jahre 1926, versah sie ihren Dienst. Heute wird Ei-

Bis 1926 entwässerte die Windmühle den Holm- und Heverkoog.

derstedt zur Nordsee hin über neun Siele entwässert, die zum Teil mit Schöpfwerken kombiniert sind, und zwar über: das Siel Ehstensiel, das Siel Tümlau, das Siel und Schöpfwerk Süderheverkoog (ehem. Tümlauer Hallig), über das Siel und Schöpfwerk Adamssiel (Westerhever), das Siel Everschopsiel (Tetenbüllspieker), das Schöpfwerk Ülvesbüll, das Siel Lundenberg, das Schöpfwerk Adolfskoog und über das Schöpfwerk und Siel Halbmond (Südermarsch).

Den größten Wassereinzugsbereich hat das Everschopsiel mit einer Fläche von 6227 Hektar. Bei hohen Außenwasserständen kann die feuchte Plage zunächst vom Speicherbecken aufgefangen werden. Allein im Eiderdeich zwischen Sperrwerk und Koldenbüttel lassen sich von unserem Flugzeug aus sechs Siel- bzw. Schöpfwerkanlagen ausmachen.

Da Eiderstedt, wie schon erwähnt, aus vielen Krögen besteht, muß es natürlich auch in den alten Deichen, die nicht mehr an die See grenzen, Durchlässe geben. Diese sogenannten Mitteldeiche haben in Eiderstedt eine Gesamtlänge von 84,4 km und sind mit 30 Sielen versehen, von denen elf als Schöpfwerke ausgelegt sind. Diese elf Schöpfwerke haben eine Gesamtförderleistung von 24 m^3/sec bei einer Größe des Schöpfgebietes von 11 300 Hektar.

Wie schon bei der Entwässerung des Holm- und Heverkooges, so hat man jetzt beim Adamssiel in Westerhever eine moderne Windkraftanlage gebaut, die den Strom für den Betrieb der Pumpen erzeugt und bei Windstärke 2–9 auf eine Jahresleistung von 45 000 kw/h kommt.

Wir lassen jetzt den Blick nach rechts über die weite Ebene der Eiderstedter Marsch schweifen. Ein genaueres Hinsehen macht glaubhabt, daß Dreiviertel des Landes als Grasfennen ausgelegt ist und nur ein Viertel unter den Pflug genommen wird. Ein Flug im Mai läßt den Anblick der zahlreichen gelb leuchtenden Rapsfelder zu einem besonderen optischen Genuß werden.

In den gräbenumzäunten Fennen fallen dem Binnenländer sogleich die zahlreichen Wasserkuhlen auf, die dem Vieh auch in trockenen Jahren als Tränke dienen können. Das Fettgräsen von Ochsen ist fast zum Erliegen gekommen. So bevölkern an ihrer Stelle jetzt Bullen, Kühe und wie seit eh und je Schafe das sattgrüne Land. Der Grund liegt auf der Hand: ein Bulle kann in einem wesentlich kürzeren Zeitraum schlachtreif gegräst werden als ein Ochse. Ökonomisches Denken ist heute Pflicht.

Vor 80 Jahren: Ein Shorthorn-Bulle wird begutachtet. Übertrieben arbeitsaufwendig war die Gräserei nicht. Ein Schnack dieser Zeit: Leewer een dicke Buuk vun't Äten as een krumme Rüch vun't Arbeiden.

Früher wurden die Rinder übrigens als Lebendtiere auf dem Viehmarkt in Husum verkauft. Heute bringt man die Tiere zum Schlachthof, und es wird nur das reine Fleischgewicht (ca. 60 % des Lebendgewichtes) abgerechnet. Überhaupt: Ein kurzer Ausflug in die Vergangenheit der Eiderstedter Landwirtschaft wird den Flugast ganz sicher interessieren. Wie schon erwähnt, änderte sich um die Mitte des 19. Jahrhunderts die Wirtschaftsweise auf der Halbinsel.

Der Landwirtschaft ging es damals ausgesprochen schlecht. Ein Preisverfall beim Getreide, die großen Deichlasten – bedingt durch die schweren Sturmflutschäden von 1825 – und der dänische Staatsbank-

Essen und Trinken in Eiderstedt

Daß auf den Eiderstedter Fennen das wohl beste Steak „wächst", ist schon lange kein Geheimnis mehr. Daß aber in den gemütlichen Gaststätten und den dörflichen Kirchspielskrügen auch noch viele andere sehr schmackhafte, nach alten, überlieferten Rezepten zubereitete Gerichte angeboten werden, schätzen Liebhaber einer regionalen Küche in gleicher Weise. Die Zutaten stammen wie in alten Zeiten aus dem, was der fruchtbare Boden hergibt. Wenn manche Speisen die typisch norddeutsche Geschmacksrichtung „süßsauer" aufweisen, so mag der Grund dafür in der Geschichte der Bewohner zu finden sein. Der Weg zum nächsten Schlachter oder Kaufmann war weit und beschwerlich, und Kühltruhen gab es auch noch nicht. Um Vorräte vor raschem Verderben zu schützen, verwendete man Essig, Zucker und Salz als Konservierungsmittel. Das rauhe Klima und die kräftezehrende Handarbeit auf zähem Kleiboden erforderten überdies eine fetthaltige und damit kalorienreiche Nahrung, wie sie in dem plattdeutschen Schnack „Speck in Bodder braden" treffend ihren sprachlichen Ausdruck findet. In Anpassung an die veränderten Bedürfnisse hat man heute natürlich beim Fettanteil der überlieferten Rezepte erheblich „abgespeckt". Eine eigene Geschmacksnote wird durch Veränderung des jeweiligen Gewürzanteils erreicht. In einem Kochbuch von 1843 wird schon ein Gericht, die „Sauren Rollen", beschrieben, das noch heute angeboten und gern gegessen wird:

„Das Rindfleisch wird gehackt, jedoch nicht fein, Fett oder Talg, Reis, der gut gewaschen ist, ein wenig Nelken und schwarzen Pfeffer nimmt man daran. Sind nun die Kaldaunen (der Pansen) von dem Schlachtvieh gereinigt und gebrüht, werden Stücken daraus geschnitten, die, wenn sie zusammengenäht, die Form einer dicken Wurst, nur nicht die Länge derselben haben. Es wird eine Öffnung in der Rolle gelassen, worin der Teig gestopft wird. Sind die Rollen alle gestopft, wird die Öffnung zugenäht und werden solche sodann gekocht. Sie können einige Stunden kochen, worauf sie, mit ziemlichem Gewichte beschert, in die Presse gelegt werden. Es werden die Rollen in Lake und Essig bis zum Gebrauch aufbewahrt, und will man sie essen, werden sie in Scheiben geschnitten, in Mehl und Zwieback umgekehrt, gebraten und Kartoffeln oder sonstiges Gemüse dazu gegeben."

Als Gemüse werden – wie in der Folgezeit beschrieben – heute gestovte (mit Milch und etwas Mehl angedickte) Steckrüben oder gestovter Weißkohl gereicht. Der Leser mag die spezifischen Gerichte unserer Landschaft einmal probieren. Einige seien genannt: das einmalige Eiderstedter Steak (Fleisch vom besten!), Saure Rollen, Buttermilch mit „Klümp", Fliederbeersuppe mit Grießklößen, Rote Grütze oder die Zwei-Teller-Gerichte „Wiinsupp un Schink" bzw. „Mehlbeutel und süße Suppe".

Vergessen sollte man nicht, daß in Eiderstedt der Transportweg vom Fischkutter zur Bratpfanne denkbar kurz ist und die Fischgerichte – Schollen, Seezungen und Krabben in verschiedenen Darreichungsformen – an Frische nirgends zu übertreffen sind.

Was trinkt der Eiderstedter? Nun, es wird niemand auf sein gewohntes Bier oder seinen „Kurzen" verzichten müssen. Doch dem Gast sei empfohlen, einmal den Eiderstedter Teepunsch – Tee mit „geele Köm" zu probieren.

Keiner wird auf der Halbinsel Hunger oder Durst leiden müssen; denn der Eiderstedter weiß: *Äten un Drinken hält Lief un Seel tosamen.*

rott trieben manchen Bauern in den Ruin. Deshalb machte man in zunehmendem Maße Äcker zu Grasland.

Durch die rasch anwachsende Industrialisierung mit der Konzentration von Menschen auf die neuen Wirtschaftsstandorte konnten die Engländer ihren Fleischbedarf nicht mehr aus eigener Produktion dekken. Sie gaben 1842 die Fleischimporte frei und hoben drei Jahre später auch die Einfuhrzölle für Rinder auf. Eine englische Handelskompanie, die in Tönning einen Agenten unterhielt, brachte das in Eiderstedt eingekaufte Vieh von hier aus mit eigenen Schiffen nach London. Für die Dreilande begann die Zeit eines sich schnell mehrenden Wohlstandes. Das Magervieh kaufte man zunächst fast ausschließlich in Jütland ein. Dänische Viehtreiber – meist in Holzschuhen – brachten die Tiere in tagelangen, anstrengenden Märschen nach Husum auf den Viehmarkt. Aus dieser Zeit ist der lustige Kindervers überliefert:

Hannemann keem von Jütland an,
harr een poor groote Holtschoh an.
Hannemann schall sik Stäweln koopen,
denn kann Hannemann bäter loopen.
Hannemann seggt: dat Geld is knapp,
so geiht Hannemann trapp, trapp, trapp.

Später kaufte man auch auf der heimatlichen Geest Magervieh ein.

Eiderstedter Atmosphäre: Sattgrüne Fennen und behäbig grasendes oder wiederkäuendes Vieh.

Die Ochsen wurden auf die guten Eiderstedter Fennen getrieben und vermehrten ihr Gewicht bis zum Herbst um 300–400 Pfund. Es gab Bauern, die bis zu 500 Ochsen grästen. Nach den herbstlichen Fettviehmärkten in Husum begann der Abtrieb zur Einschiffung in Tönning. Um die Kosten für die Verschiffung zu senken, aber auch um das Geld in der Landschaft zu lassen, gründeten Gräser die „Tönninger Dampfschifffahrtsgesellschaft", die mit eigenen Schiffen während ihres 18jährigen Bestehens (1871 bis 1889) immerhin mehr als 184 000 Rinder und 300 000 Schafe nach England beförderte. 1903 wurde die Gesellschaft liquidiert. Eine Maul- und Klauenseuche in Deutschland gab den Engländern einen willkommenen Grund, die Viehimporte aus Eiderstedt zu stoppen, konnten sie doch zu diesem Zeitpunkt ihren Bedarf schon billiger

Die tiefen Wehlen (Auskolkungen durch einstürzendes Wasser) am Porrendeich bei Ülvesbüll entstanden bei Deichbrüchen im 16. Jahrhundert.

mit Fleisch aus Übersee, vor allem aus ihren Kolonien, decken.

Während der Zeit der „Englandfahrt“ importierte man Shorthornrinder nach Eiderstedt und baute mit dem Zentrum Warmhörn eine vielbeachtete und erfolgreiche Zucht dieses britischen Fleischrindes auf. Diese Rasse wurde früher schlachtreif und entsprach mit ihrem durchwachsenen Fleisch mehr dem Geschmack der englischen Kunden. Heute trifft man diese Rasse nur noch ganz vereinzelt in Eiderstedt an. Schwarzbunte und Rotbunte haben sie verdrängt. Eine höhere Milchleistung ist heute gefragt, und das durchwachsene Fleisch trifft offenbar nicht mehr den Geschmack des Verbrauchers.

Weiter geht es am Deich entlang nach Osten.

Der Porrendeich bei Ülvesbüll gehört ganz sicher zu den reizvollsten Abschnitten unserer Landschaft. Zum einen beeindrucken die malerisch auf dem Westteil des Deiches

Das bekannte Naturschutzgebiet Westerspätinge liegt in unmittelbarer Nähe zum Außendeich im Adolfskoog und bietet hervorragende Möglichkeiten zur Beobachtung seiner gefiederten Bewohner.

gelegenen Katen, zum anderen erinnern vier große und sehr tiefe Wehlen im geschwungenen Mittelstück an die schlimmen Deichbrüche vergangener Jahrhunderte. Die Katen wurden früher von Deicharbeitern, Tagelöhnern und kleinen Handwerkern bewohnt. Um ihre geringen Einkünfte für den Lebensunterhalt ihrer meist vielköpfigen Familien aufzubessern, fischten sie mit der „Gliep" (einem Handnetz mit Stiel) in den Prielen vor dem Deich „Porren", also Krabben, und hökerten sie in der Umgebung aus.

Der Adolfskoog hat aber noch mehr zu bieten: Am Seedeich liegen die Westerspätinge mit ihren reetbestandenen Wasserflächen, die im Herbst sattbraun leuchten und das einförmige Grün der Fennen unterbrechen. Diese „Pütten", wie sie der Eiderstedter nennt, entstanden durch Auskolkungen bei Deichbruch bzw. durch umfangreiche Erdentnahme für den Bau und die Reparatur von Deichen. Heute sind die Spätinge ein vielbeachtetes Naturschutzgebiet, in dem die See- und Watvögel ihre Brut ohne Sturmflutgefährdung aufziehen können. Mit einem guten Fernglas läßt sich vom Außendeich als erhöhtem Ausguck das quirlige und oft geräuschvolle Leben der Lachmöwen, Austernfischer, Enten, Uferschnepfen, Küstenseeschwalben und sogar der Säbelschnäbler, um

deliebhaber bei Flut voll auf ihre Kosten kommen.

Der Finkhaushalligkoog besteht praktisch aus den Resten der zu Beginn des 18. Jahrhunderts von der Nordsee verschlungenen Lundenbergharde, nämlich der Padelacks- und Finkhaushallig. Lange Zeit war die Harde Bestandteil der Insel Altnordstrand. Der 1936 eingedeichte Koog hat eine Fläche von 470 Hektar und eine Seedeichlänge von 4,8 km. Schwer hat dieses ganze Gebiet in den vergangenen Jahrhunderten unter Sturmfluten zu leiden gehabt. So mußte das Dorf Simonsberg, das heute am Südrand der ehemaligen Lundenbergharde liegt, im Laufe seiner Geschichte viermal weiter landeinwärts neu aufgebaut werden.

Vor Husum geht der Pilot auf Südostkurs und zeigt seinem Gast den nur einige aus der Vielzahl der gefiederten Bewohner zu nennen, beobachten.

Dicht vor den Toren Husums, der „Grauen Stadt“, liegt der Finkhaushalligkoog. Schon von weitem leuchtet uns das Wasser des großen Speicherbeckens mit dem Siel entgegen. Das Becken ist ein beliebtes Ziel für die Surfer, die hier tideunabhängig und oft mit gutem Wind ihren schönen Sport betreiben, während an der Steinkante der Außendeiches die Ba-

Ein neuer Koog entsteht: Handschacht bei der Eindeichung des Finkhaushalligkoog (1934 bis 1936). Eine Lorenbahn bringt die Kleierde an die Baustelle.

Die Presse berichtet 1935 von einer deichbautechnischen Meisterleistung: Der strömungsstarke Priel zwischen der Padelackshallig und dem Simonsberger Vorland wird erfolgreich durchdämmt.

Herbst 1936: Noch sind die Häuser nicht fertiggestellt, der Hafer steht jedoch schon in Stuken und kann bald eingebracht werden.

Das erste Bauernhaus ist bezogen. Der aufgesetzte Heudiemen birgt den Wintervorrat für das Vieh.

Einige Kilometer hinter Koldenbüttel verläuft die östliche Grenze der Landschaft Eiderstedt. Auf dem Friedhof des langgestreckten Dorfes liegt der berühmte Chronist Peter Sax (1597 bis 1662) begraben.

In den Treppengiebel-Häusern und Grachten wird auch nach 370 Jahren noch sichtbar, daß Holländer Friedrichstadt planten und bauten.

von oben noch gut erkennbaren Verlauf der alten Nordereider, die einst in die Hever mündete. Schon nach wenigen Minuten erreicht er Herrenhallig, den an die Treene grenzenden Ostteil von Koldenbüttel. Durch einen großen Stein ist hier die frühere Grenze zwischen den freien Friesen Eiderstedter Rechts und dem bischöflichen Gebiet von Schwabstedt markiert.

Bei klarem Wetter kann man jetzt im Westen nicht nur ganz Eiderstedt überblicken, sondern erkennt auch das ca. 80 km entfernte Helgoland. Bei Friedrichstadt endet die Treene in dem verbreiterten „Toten Arm" – sie wurde 1570, also schon vor der Stadtgründung, abgedämmt – und hat über die Grachten und eine Schleuse eine Verbindung zur Eider.

Auch aus der Luft ist der Anblick Friedrichstadts, zwischen Treene und Eider an der Grenze zu Eider-

Die Eiderabdämmung bei Nordfeld.

stedt liegend, mit seiner historischen Altstadt eine Augenweide. Rechtwinklig angelegte Straßen lassen die klare bauliche Gliederung erkennen, und die vielen Wassergräben, die Grachten, sowie die eindrucksvolle Reihe der schmucken Treppengiebelhäuser am Markt erinnern uns daran, daß es Holländer waren, die 1621 diese Stadt gegründet haben. Friedrich III., Herzog von Schleswig-Holstein-Gottorf, hatte sie unter der Zusicherung großzügiger Privilegien, u. a. der Religionsfreiheit, ins Land gerufen.

Wir erreichen jetzt die Eider, einen wahrhaft geschichtsträchtigen Fluß, der Eiderstedt im Süden von den Dithmarschern trennt. Die Nachbarschaft war über Jahrhunderte hinweg alles andere als gut und friedlich. Alte Chroniken berichten immer wieder von Raubzügen und blutigen Fehden.

Es waren wasserwirtschaftliche Zwänge, die die Eider im Laufe der Zeit zu einem geregelten, ja fast schon gemaßregelten Fluß machten. Durch die vielen Eindeichungen vom frühen Mittelalter an wurde der Überflutungsraum der Nordsee in unserem Bereich erheblich eingeschränkt, so daß die Tide höher und weiter eideraufwärts – um 1700 bis Rendsburg – auflief. Damit stiegen natürlich auch die Sturmflutwasserstände und bewirkten weiträumige Überschwemmungen im Eidergebiet.

Häufigere und höher auflaufende Sturmfluten brachten vermehrt Schäden. Allein 1926 gab es über 30 Deichbrüche. So entschloß sich der preußische Staat 1936, die Eider bei Nordfeld abzudämmen und damit den Fluß bis Rendsburg tidefrei und sturmflutsicher zu machen. Doch mußte diese Sicherung, wie sich später herausstellte, mit vielen negativen Folgeerscheinungen erkauft werden. So bewirkte eine zunehmende Versandung eine Verkleinerung des Durchflußquerschnittes. Die Niedrigwasserstände fielen höher aus, so daß es Schwierigkeiten bei der Entwässerung des Eider- und Treenehinterlandes gab.

Die Sturmflut von 1962, bei der nie zuvor erreichte Hochwasserstände gemessen wurden, bewies zudem, daß die Deiche der Tideeider von der Mündung bis Nordfeld keine Sicherheit mehr boten. Es wurden vielseitige Überlegungen angestellt, die schließlich im Bau des Eiersperrwerkes die beste Lösung der vielschichtigen Eiderprobleme sahen. Wir werden es später überfliegen.

Die vielen Eingriffe blieben natürlich auch für das Naturgeschehen im Fluß nicht ohne Folgen. Wanderten früher Störe in großer Zahl zum Laichen eideraufwärts, so läßt sich an den Fangergebnissen ablesen, daß der 50 bis 200 kg schwere Fisch nach der Abdämmung bei Nordfeld immer seltener in den Fluß kam und schließlich ganz ausblieb. Vom Ende des 19. Jahrhunderts an hatte man entlang der Eider den Störfang in beträchtlichem Maße betrieben. Etwa 100 Meter lange und fünf Meter breite, einwandige Hanfnetze, in kurzen Abständen von kleinen länglichen Holzbojen gehalten, ließ man über den Strom gespannt mit dem Ebbe- bzw. Flutstrom treiben. Das Wegtauchen der Bojen zeigte den Fischern im begleitenden Boot an, daß ein Stör ins Netz „geschossen“ war.

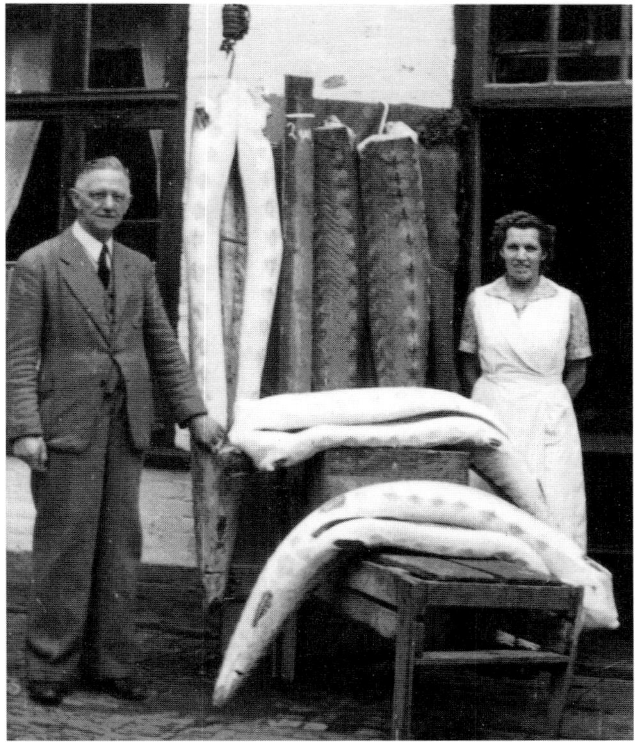

1951: Noch werden gefangene Störe, wie hier in Friedrichstadt, zum Verkauf angeboten. Wenige Jahre später geht der letzte Stör ins Netz.

Die Reiherkolonien

Jeder ornithologisch interessierte Besucher, der im Sommer-Halbjahr auf einem der vielen gut ausgebauten und verkehrsarmen Wirtschaftswege auf dem Fahrrad die Eiderstedter Marsch durchstreift, wird ihn mit Sicherheit entdecken: den Graureiher, den man früher auch Fischreiher nannte (Plattd. Schiedreiher). Unbeweglich wie eine Statue steht er am Grabenrand. Kommt ihm ein Beutetier vor den langen, spitzen Schnabel, so sticht er blitzschnell zu und streicht mit dem Aal, dem Frosch, der Maus, dem Maulwurf oder der Ratte ab. Sein unverwechselbares Flugbild ist durch den S-förmig gekrümmten Hals bestimmt. Im Frühjahr finden wir ihn häufig in der Nähe von Sielen, durch die in großen Massen Stichlinge aus der See zum Laichen in die Marschgräben streben.

Da die nahrungsökologischen Voraussetzungen in Eiderstedt nicht zuletzt durch die kurzen Flugwege zum Wattenmeer optimal sind, wundert es nicht zu hören, daß die Halbinsel mit einem Brutpaar pro Quadratkilometer die höchste Siedlungsdichte in Europa aufweist und damit wohl auch, wie eine gewisse Konstanz im

Bestand aussagt, die Lebensraumkapazität für diesen Großvogel voll ausfüllt.

Fünf Reiherkolonien gibt es hier, und zwar je eine in Tating, Garding, Kotzenbüll, Hoyerswort und Koldenbüttel. Im Winter sind die in den Kronen hoher Baumgruppen (in der Marsch meist Ulmen) gebauten Nester gut zu erkennen. Ende Januar bis Anfang Februar kommen die Reiher aus dem Mittelmeergebiet zurück und beginnen bald mit dem Brutgeschäft. Die Altvögel lösen sich bei der Bebrütung ab. Nach etwa vier Wochen schlüpfen die Jungvögel aus den blaugrünen Eiern. Nach weiteren sieben Wochen ähneln sie in Größe und Aussehen schon den Eltern und verlassen das Nest.

In vier der Eiderstedter Reiherkolonien haben sich als „Zweitbewohner" Kolkraben angesiedelt und brüten hier auch.

In der Bestandsentwicklung des Graureihers zeichnet sich in Schleswig-Holstein insgesamt eine erfreulich positive Entwicklung ab. Wurden im Jahre 1973 1355 Brutpaare gezählt, so waren es 1991 2218, im Jahr davor sogar 2342 Paare. Der Brutbestand ist, wie die Zählergebnisse ausweisen, jährlichen Schwankungen unterworfen, die vor allem aus der Härte der jeweils vorangegangenen Winter zu erklären sind.

In einigen Kolonien (z. B. Koldenbüttel) hat der Ulmensplintkäfer den Baumbestand arg gelichtet und damit die Nistmöglichkeiten für den Graureiher eingeschränkt. 1991 konnten die Mitarbeiter der staatlichen Vogelschutzwarte Kiel in Eiderstedt 527 Brutpaare zählen, die sich auf die einzelnen Kolonien verteilten: Tating 69, Garding 155, Kotzenbüll 94, Hoyerswort 100 und Koldenbüttel 109.

Neben diesen Großvögeln lassen sich noch viele andere interessante Vogelarten in der Marsch beobachten, so u. a. der Kiebitz als Kunstflugmeister, der Bussard als Mäusejäger und der Turmfalke, der im Rüttelflug „am Himmel steht" und nach Beute ausspäht.

Die weiblichen Tiere mit dem kostbaren Kaviar versuchte man möglichst lebend, an Kiemen und Schwanz vertäut, anzulanden. Einer der erfolgreichsten Fischer war der bekannte Seehundsjäger und „Störkönig" Andreas Ostermann aus Westerhever, dem schon 1877 der Fang von 7 Stören, die in einer Senke im Watt bei ablaufendem Wasser „den Anschluß verpaßt" hatten, geglückt war. In seinen Aufzeichnungen gibt er für ein einziges Jahr den Fang von 188 Stören an, und auf seiner erfolgreichsten Fahrt überhaupt gelang es ihm, 28 dieser „Schmelzschupper" an Land zu bringen.

Auf der rechten Seite, etwas landeinwärts, entdeckt der Fluggast ein großes, in einem parkähnlichen Garten stehendes weißes Haus mit einem achteckigen Treppenturm, umgeben von einem doppelten Graben. So ein Gebäude gibt es nur einmal in Eiderstedt, und es ist in der Tat ein richtiges kleines Schloß im Baustil der Renaissance. Seinen Namen „Hoyerswort" erhielt es nach seinem

Bei Oldenswort liegt das einzige Schloß in der Landschaft: Hoyerswort.

Witzwort hat einen relativ dicht bewohnten Ortskern mit der Kirche im Mittelpunkt. Sie liegt auf einer Warft, hat einen freistehenden Glockenturm und eine sehenswerte Innenausstattung. In der Fläche des Dorfes finden sich noch guterhaltene Haubarge.

Erbauer Kaspar Hoyer, der einer der bedeutendsten und erfolgreichsten Staller Eiderstedts war. Der Staller war der Vertreter des Herzogs in der Landschaft und damit Mittelinstanz zwischen Landschaft und Zentralgewalt. Schon vor seinem Amtsantritt in den Dreilanden hatte der Herzog seinem verdienstvollen fürstlich-holsteinischem Rat Kaspar Hoyer einen bei Oldenswort gelegenen Landbesitz von 200 Hektar geschenkt. In den Jahren 1591–94 entstand der beeindruckende Bau. Nach dem Tode des Erbauers im Jahre 1594 übernahm der Sohn mit dem Schloß auch das Stalleramt seines Vaters. Später wechselten häufig die Besitzer. Seit über 200 Jahren ist Hoyerswort nun im Besitze der alten Bauernfamilie Hamkens.

An dieser Stelle hält es der Pilot für angebracht, seinem interessierten Gast einen kurzen Überblick über die politische Entwicklung der Landschaft zu geben:

Im 13. Jahrhundert waren die Bewohner der drei Harden Utholm, Everschop und Eiderstedt Untertanen des dänischen Königs, was aber ihre weitgehende Selbständigkeit nur in ganz bescheidenem Maße beeinträchtigte. Schon aus geographischen Gründen waren sie für die Zentralgewalt kaum erreichbar.

1252 hatte der dänische König Abel einmal versucht, die freiheitslie-

Dieser spätklassizistische Bau am Tönninger Marktplatz beherbergte bis 1961 das Landratsamt des Kreises Eiderstedt und war Dienst- und Wohnsitz der Landräte.

benden Friesen mit militärischer Gewalt in meine Abhängigkeit zu zwingen. Er wurde auf dem Königskamp bei Oldenswort besiegt und auf der Flucht erschlagen. Die Dreilande suchten fortan unter Bewahrung eines großen Maßes an Selbständigkeit eine lockere Verbindung zu den Schleswiger Herzögen. Bei der 1544 erfolgten Landesteilung unter der Oldenburger Linie – König Christian III., Herzog Adolf und Herzog Johann – fielen die drei Harden an den Gottorfer Herzog Adolf. Auch in den folgenden Jahrhunderten haben es die Eiderstedter mit viel Geschick verstanden, lockeren Abstand zur zentralen Gewalt zu halten und eigene Wege in der Verwaltung, im Finanzwesen und in der Rechtspflege zu gehen. Immer wieder gelang es ihnen, Angriffe auf ihre Eigenständigkeit abzuwehren oder doch – und sei es durch „Schenkungen" – abzumildern. Auch als sie 1713 unter die Herrschaft des dänischen Königs Friedrich IV. kamen, konnten sie sich ihre Privilegien weitgehend erhalten.

„Chef" der kommunalen Selbstverwaltung in den Kirchspielen war der Lehnsmann, der, um gewählt werden zu können, Landbesitz in einer bestimmten Größenordnung nachzuweisen hatte. Die Lehnsmänner waren wiederum Mitglieder der Eiderstedter Landesversammlung. Zwei „Pfennigmeister" waren für die Verwaltung der Finanzen zuständig, einer für Utholm und Everschop im Westen und der andere für Eiderstedt im Osten. In Garding erinnert noch heute ein „Pennmeistergang" an diese Institution.

Das Deichwesen war zunächst eine mehr kommunale Angelegenheit. Zu Beginn des 17. Jahrhunderts schuf der Herzog das Amt des „Deichgrafen" und behielt sich das Recht der Besetzung vor. Den Eiderstedtern gelang es aber durchzusetzen, daß künftig das Vorschlagsrecht für das Deichgrafenamt in die Zuständigkeit der Landesversammlung fiel.

Als 1866 Eiderstedt mit Schleswig-Holstein dem Königreich Preußen eingegliedert wurde, entsandte man sehr bald eine Abordnung der Land-

Nicolai Christian Reeder, Hofbesitzer und Amtsvorsteher in Poppenbüll, war der erste einheimische Kommunalpolitiker, der – vom Vertrauen der Bevölkerung getragen und vom Kreistag einmütig vorgeschlagen – 1920 von der preußischen Staatsregierung zum Landrat des Kreises Eiderstedt ernannt wurde. Seine vorbildliche und erfolgreiche Amtsführung (1920 bis 1932) fand breite Zustimmung und Anerkennung.

schaft nach Berlin, um höchsten Stellen die Bitte um Beibehaltung bisheriger Privilegien vorzutragen. Die Reise sollte nicht ganz umsonst gewesen sein. So machte die neue Kreisordnung die Landschaft Eiderstedt zu einem Landkreis Eiderstedt mit einem Landrat an der Spitze; immerhin blieben die Dreilande somit als ein selbständiger Kommunalverband erhalten. Erst durch eine Gebietsreform in Schleswig-Holstein im Jahre 1970 verlor Eiderstedt seine Selbständigkeit als Kreis und wurde Teil des Großkreises Nordfriesland.

Als geographische Landschaft hat sich Eiderstedt aber – nicht zuletzt durch seine auf Eigenständigkeit bedachte geschichtliche Entwicklung – eine unverwechselbare Eigenart bewahrt.

Auch heute gibt es noch spezifische Selbstverwaltungsorgane, die in eigener Verantwortung wichtige Aufgaben erfolgreich erfüllen. Als Beispiel sei der Deich – und Hauptsielverband genannt, der eine eigene Verwaltung unterhält und im Vorstand durch den gewählten Oberdeichgrafen und 4 Deichratsmänner, sowie in der Deichversammlung durch 17 Sielverbandsvorsteher vertreten ist. Die Aufgabe des Verbandes besteht in der Unterhaltung der Eider- und Mitteldeiche, der Schöpfwerke und Stöpen und in den Unterverbänden in der Sicherstellung der Entwässerung durch Erhaltung der Vorflut (Sielzüge und Zuggräben). 60 Prozent der Kosten, bei den Schöpfwerken 20 Prozent, müssen von der Eiderstedter Bevölkerung aufgebracht werden. Der Bau und die Unterhaltung der Seedeiche ist Landesaufgabe geworden.

Hinter der ehemaligen Kreisstadt Tönning, die wir jetzt anfliegen, öffnet sich die Eider zu einem weiten Trichter. Schon vor der Verleihung der Stadtrechte im Jahre 1590 hatte sich Tönning zu einem bedeutenden Handelsort in der Landschaft und zum Mittelpunkt der Harde entwikkelt. Der Staller Kaspar Hoyer, des-

Tönning, an der Eider liegend, hat eine gute Anbindung an die Nordsee. Die nahe Brücke verbindet seit einigen Jahren Eiderstedt mit Dithmarschen.

sen Amtszeit sich zugleich als eine Periode wirtschaftlichen Aufschwungs erwies, hatte in jenen Jahren hier seinen Dienstsitz. Eine nicht geringe Rolle spielte zu der Zeit u. a. der Käsehandel, der sich aus der verstärkten Umstellung von der Getreide- auf die Milchwirtschaft ergab.

Die Stadt erlebte Höhen und Tiefen in ihrer über 400jährigen Geschichte. So war sie wiederholt in kriegerische Auseinandersetzungen verwikkelt, sei es im 30jährigen Krieg oder im Nordischen Krieg. Im letzteren hatte sich der schwedische General Steenbock in der Festung Tönning verschanzt, mußte aber schließlich dem Dänenkönig seinen Degen übergeben.

Nach dem Bau des Schleswig-Holsteinischen Kanals (auch Eiderkanal genannt, 1777–1784) von der Kieler Förde zur Obereider bei Rendsburg führte der Schiffsverkehr von der Ostsee über eben diesen Kanal und die Untereider zur Nordsee an Tönning vorbei. Die Stadt wurde damit zu einem bedeutsamen Umschlagplatz von Waren aller Art und nahm einen gewaltigen wirtschaftlichen

Krabbenkutter, Sportboote und Ausflugsschiffe bevölkern den Tönninger Hafen. Ein Tonnenleger liegt unweit seiner Arbeitsfracht an der Eiderkaje. Das große Packhaus von 1783 erinnert an die Blütezeit der Stadt nach dem Bau des Eiderkanals zwischen Kiel und Rendsburg. Dadurch lag Tönning jetzt an dem Wasserhandelsweg Ostsee-Nordsee.

Das Eidersperrwerk reduziert die Breite der Eidermündung auf 200 m und bewirkt damit einen erheblichen Anstieg der Strömungsgeschwindigkeit. Bei unterschiedlichem Wasserstand in Nordsee und Eider läuft der Schiffsverkehr über eine Schleuse.

Aufschwung. Das 1783 am Hafen erbaute Packhaus mit einer Lagerfläche von 4000 m^2 erinnert an die Zeit eines florierenden Handels. Der Umschlag erhöhte sich während der Elbblockade im englisch-französischen Krieg, als die für Hamburg bestimmten Schiffe den neutralen Hafen Tönning anliefen.

Seine zweite Blütezeit erlebte Tönning während der schon erwähnten „Englandfahrten“ im Viehhandel mit England. Danach wurde es stiller um die Stadt, und mit dem Bau des Nord-Ostsee-Kanals nahm der Handel endgültig andere Wege.

Heute sind es Krabbenkutter und Sportboote, die das Bild im Hafen bestimmen. Das Wasser- und Schifffahrtsamt, eine Bundesbehörde, hat hier ihren Sitz, und auch das Nationalparkamt ist in Tönning zu Hause.

Mit einem herrlich gelegenen beheizten Meerwasserbad, den Bademöglichkeiten in der Eider und dem nahen Erholungsgebiet „Katinger Watt“ hat die Stadt sich zu einem Ort mit hohem Freizeitwert entwickelt, zu einem Bade- und Luftkurort, der von Einheimischen und Gästen gut angenommen wird.

Weiter fliegen wir über den 5 km breiten Mündungstrichter der Eider, sehen zur Rechten das Freizeit- und Naturschutzgebiet des Katinger Watts und unmittelbar vor uns den langen Eiderdamm mit dem 200 m breiten Sperrwerk, das in 5 Durchlässe von je 40 m Breite aufgeteilt ist, die sich bei Sturmflutgefahr beidseitig durch riesige Tore verschließen lassen. Bei normalen Wasserständen kann hier die Tide frei ein- und ausschwingen. Eine seitliche Schleuse ermöglicht den Schiffsverkehr bei unterschiedlichen Wasserhöhen. Das in den Jahren 1967–1973 gemeinsam von der Bundesrepublik Deutschland und dem Land Schleswig-Holstein errichtete Bauwerk dient, wie eine angebrachte Tafel aussagt, der Abwehr von Sturmfluten, Sicherung der Vorflut (Entwässerung) und Erhaltung der Schiffahrt. Bei vielen Sturmfluten hat das Sperrwerk schon seine Bewährungsprobe bestanden.

Über dem Strom der Außeneider weist der Pilot seinen Gast auf die roten und grünen Seetonnen hin, die das Fahrwasser für die Schiffe markieren (grün – Steuerbord; rot – Backbord). Gerade kommt ein schmucker, weißer Ausflugsdampfer von Helgoland zurück, um seine Gäste im Hafen des Sperrwerkes abzusetzen. Ein Krabbenkutter zieht seine seitlichen Kurrbäume hoch, und ein kleines, weißes Tönninger Schiff fährt mit gedrosselten Motoren an die Sandbank von Vollerwiek heran, um den Urlaubern einen Blick auf die dort ruhenden Seehunde zu ermöglichen. Segelboote sieht man relativ selten, denn die Tide, die vielen Untiefen und die tückischen Strömungen verlangen einem Segler schon ein hohes Maß an Erfahrung und Können ab.

Eine Rechtskurve führt uns schnell an den Deich vor Vollerwiek, der uns

Es ist schon ein besonderes Erlebnis, vom Anleger am Eidersperrwerk aus auf einem schmucken weißen Dampfer nach Helgoland zu fahren. Helgoland war bis 1890 britisch und wurde im Tausch gegen deutsche Besitzungen in Ostafrika erworben.

Bei Flut schwimmen, bei Ebbe wattwandern und nach beidem am grünen Deich ausruhen: das bietet die Badestelle in Vollerwiek.

exemplarisch für die ganze Landschaft die in den letzten Jahrzehnten sich vollziehende Veränderung in der Wirtschaftsstruktur aufzeigt. Wo früher nur Schafe grasten, ist der Deich heute mit Strandkörben und Badefreuden genießenden Urlaubsgästen besetzt. In den Jahrhunderten ihres Bestehens war die Halbinsel immer nur ein reines Landwirtschaftsgebiet. Bis heute ist es – von einigen wenigen bescheidenen Industrieansiedlungen abgesehen – so geblieben; aber neben der Landwirtschaft

Der Hamkenshof in Tating hat eine lange Geschichte. 1734 wurde der Stallteil eines ursprünglich friesischen Langhauses durch den Haubarg ersetzt. Aus Sicherheitsgründen – bei Feuer versperrte oft brennendes Reet des tiefgezogenen Daches den Fluchtweg – baute man 1795 die beiden Giebel aus. Seit 300 Jahren im Familienbesitz, ist der Hof heute ein Urlaubsparadies für passionierte Reiter.

ist die „weiße Industrie“ zu einem zweiten Standbein geworden. Seit ca. 30 Jahren wird mit dem Slogan „Ferien auf dem Bauernhof“ erfolgreich geworben. Waren früher die Haubarge – übrigens ein Wahrzeichen Eiderstedt – bis unter das hohe Dach mit Korngarben und Heu gefüllt, so erholen sich dort heute Gäste in sehr komfortablen Ferienwohnungen.

Bevor das Konstruktionsprinzip des Haubarges Anfang des 17. Jahrhunderts durch Einwanderer aus dem west- und ostfriesischen Raum seinen Weg nach Eiderstedt fand, wohnte man hier in friesischen Langhäusern. Der Haubarg hat je nach Größe eine Grundfläche von 500 bis 800 m^2. Das 14 bis 18 m hohe Dach ruht auf einer Holzständerkonstruktion, die das sogenannte „Vierkant“ bildet. Die niedrigen Mauern haben keine tragende Funktion.

Der Blick aus dem „Vierkant“ bis hinauf zu den Stichbalken und dem hohen Dachfirst ist schon ein auf-

Der Rote Haubarg

Biegt man von der Straße Witzwort–Simonsberg – kurz hinter dem Sandkrug – nach links in eine für Eiderstedt so typische „Trift" ein, erreicht man – der Beschilderung folgend – den Roten Haubarg. Er ist einer der mächtigsten und – nach einer großzügigen Restaurierung – wohl auch der schönste seiner Art. Um die Mitte des 17. Jahrhunderts mit rotem Mauerwerk und roten Dachziegeln (daher der Name) als größter Haubarg der Landschaft erbaut, brannte er schon 100 Jahre später ab und wurde in etwas verkleinerter Form wieder errichtet. Obgleich die Mauern geweißt und die markanten roten Dachziegel durch das damals billigere Reet ersetzt wurden, behielt er seinen Namen. 1851 ging der Haubarg als Schenkung in den Besitz der Stadt Husum über und beherbergt heute einen renommierten Gastronomiebetrieb und ein kleines Museum für landwirtschaftliche Geräte und Maschinen, wie sie früher in Eiderstedt in Gebrauch waren.

99 Fensterscheiben lassen viel Licht in das große Gebäude. Mit der 100. Scheibe hat es eine besondere Bewandtnis: Wird sie am Tage eingesetzt, so wird sie in der Nacht prompt wieder zerbrochen! Die Erklärung:

Vor dem Bau des Haubargs stand hier eine kleine Kate. Ihr Bewohner, ein armer, junger Mann, hatte sich in die Tochter seines Nachbarn – er war ein reicher Schmied – verliebt. Das Mädchen und auch deren Mutter waren ihm gewogen, aber der Vater lehnte die Verbindung ab, hatte der Freier doch nichts „in de Melk to krömeln". In seiner Not verschrieb der junge Mann dem Teufel seine Seele. Bedingung: Der Leibhaftige müsse ihm in einer Nacht – bis zum ersten Hahnenschrei – ein großes Haus aufgebaut haben. Und so geschah es: Im Handumdrehen hatte der Teufel die Kate abgerissen, und wie Pilze schossen die neuen Mauern aus der Erde. Als in Windeseile das Dach gerichtet wurde, erfaßte den Freier eine panische Angst. Er verließ die Baustelle und offenbarte sich der Mutter seines Mädchens. Die pfiffige Frau eilte in den Hühnerstall, ergriff den Hahn und schüttelte ihn kräftig. 99 Fenster waren schon eingesetzt, als der so geweckte Hahn laut krähte. Der Teufel hatte sein Spiel verloren und verließ das Haus durch das letzte noch offene Fenster. Der jetzt vermögende junge Mann konnte die Nachbarstochter mit freudiger Zustimmung des Vaters als Ehefrau über die Schwelle des neuen Hauses tragen.

Die 100. Scheibe aber – siehe oben!

Im Sommer kühl, im Winter warm – ein Reetdach sorgt für ein ausgeglichenes Hausklima. Konnte das Dachmaterial früher in den eigenen „Reitfleet'n" billig geerntet werden, so muß es heute für teures Geld aus Ungarn importiert werden. Die aufwendige Arbeit eines Reetdachdeckers erfordert viel Geschick und Sorgfalt.

regendes Erlebnis! Um 1800 existierten in Eiderstedt etwa 400 Haubarge. Ihre Zahl nahm dann ständig ab, wenngleich bis zum Ende des 19. Jahrhunderts noch neue als Ersatz für abgebrochene oder abgebrannte gebaut wurden. Heute sind sie für eine landwirtschaftliche Nutzung extrem unwirtschaftlich und in ihrer Unterhaltung unverhältnismäßig teuer, kostet doch allein eine Neueindeckung mit Reet schon über 200 000,– DM, und die Feuerversicherung ist für landwirtschaftliche Betriebe kaum erschwinglich. 70 Haubarge gibt es heute noch in Eiderstedt. Davon stehen 30 unter Denkmalschutz. Ein Drittel der Gebäude wird noch landwirtschaftlich genutzt, ein Drittel dient den Altbesitzern als Wohnung, und das letzte Drittel ist in den Besitz von auswärtigen Käufern übergegangen. Mögen uns die letzten dieser so landschaftstypischen und herrlichen Gebäude noch lange erhalten bleiben.

Vor uns liegt jetzt Garding, das im gleichen Jahr wie Tönning, nämlich 1590, das Stadtrecht erhielt. In der Mitte des westlichen Eiderstedts gelegen war Garding ein Handelszentrum, das vom Wohlstand in der Landwirtschaft profitierte. „Hat der Bauer Geld, hat's die ganze Welt", war eine verbreitete Erkenntnis. Die Stadt bot und bietet noch heute vielfältige Einkaufmöglichkeiten mit dem Slogan des Gewerbevereins: „Garding hat es auch!" Der Pfennigmeister – der „Finanzminister" – für Utholm und Ewerschop hatte hier seinen Sitz, und Hafenstadt war Garding auch. Auf den nassen und durchweichten Kleiwegen war der An- und Abtransport von Gütern oft sehr beschwerlich bzw. unmöglich. So hob man zu Beginn des 17. Jahrhunderts nach holländischem Vorbild Kanäle, sogenannte Bootsfahrten, aus, auf denen Schiffe von und zu den Angelegestellen an der Außeneider „getreidelt" wurden. Die Süderbootfahrt führte z. B. von Garding nach Katingsiel. Als dann Mitte bzw. Ende des 19. Jahrhunderts Straßen gebaut und die Eisenbahnstrecke Garding–Tönning in Betrieb genommen wurden, verlor der Schiffsverkehr sehr schnell an Bedeutung und kam zu Beginn des 20. Jahrhunderts ganz zum Erliegen. Der „Hafenplatz" erinnert noch heute an die Zeit der Bootfahrten. Die an

Der Holmhof in Poppenbüll ist ein in seiner alten Form erhaltener Haubarg. Von 1919 bis 1932 war der damalige Besitzer Nicolai Reeder Landrat des Kreises Eiderstedt.

Seit Jahrhunderten ist Garding die attraktive Einkaufsstadt für den westlichen Bereich der Landschaft. Die Stadt ist heute Sitz der Propstei, des Kirchenkreises und der Verwaltung des Amtes Eiderstedt.

In diesem Haus am Markt in Garding kam 1817 der berühmteste Sohn der Stadt zur Welt. Theodor Mommsen, einer der großen Historiker und Verfasser der „Römischen Geschichte", erhielt 1902 für die sprachliche Qualität eben dieses Werkes als erster Deutscher den Nobelpreis für Literatur.

der höchsten Stelle der Nehrung liegende Kirche, ein spätromanischer Bau aus dem 12. Jahrhundert, hat auch aus der Luft gesehen einen sichtbar dominierenden Platz im Stadtbild.

18 Kirchen hat der Gast auf seinem Rundflug gezählt, eine wahrlich große Zahl für die kleine Landschaft, die aus den geographischen Gegebenheiten der damals von vielen Prielen durchzogenen Dreilande zu erklären ist. Daß einige Kirchen relativ dicht zusammen liegen, ergibt sich daraus, daß selbst Siedlungen, die nur wenige Kilometer voneinander entfernt lagen, in früheren Zeiten durch einen Wattstrom getrennt waren. Ein anderer Grund für die Dichte der Kirchen ist zweifellos im Wohlstand der Bewohner zu suchen, der in gleicher Weise in den reichen, kunstvollen Inneneinrichtungen sichtbar wird.

Bevor die Maschine zur Landung auf dem Flugplatz St. Peter-Ording ansetzt, bietet sich dem Gast noch einmal der Blick auf die grüne Marsch und die Weite des nordfriesischen Wattenmeeres. Er wird nach dem Gesehenen und Gehörten, so hofft der Pilot, die Gegenwart der Landschaft aus ihrer Vergangenheit heraus besser verstehen, und er wird die Notwendigkeit eines Schutzes des Wattenmeeres einsehen, aber auch die noch zu lösenden Schwierigkeiten erahnen, die sich aus Prämissen ergeben, die nur schwer in Einklang zu bringen sind. So heißt es im § 2 des „Gesetzes zum Schutz des schleswig-holsteinischen Wattenmeeres" (Nationalparkgesetz) von 1985:

1. Die Errichtung des Nationalparks dient dem Schutz des schleswig-holsteinischen Wattenmeeres und der Bewahrung seiner besonderen Eigenart, Schönheit und Ursprünglichkeit. Seine artenreiche Pflanzen- und Tierwelt ist zu erhalten und der möglichst ungestörte Ablauf der Naturvorgänge zu sichern.

In der wirtschaftlichen Blütezeit um 1600 trug man sie, die aus kostbaren importierten Tuchen gefertigte Eiderstedter Tracht. Sie geriet in Vergessenheit und wurde vor etwa 60 Jahren nach alten Vorlagen rekonstruiert. Das Charakteristische: schwarzer Stoff, getriebene Messingspangen, Flügelhaube (für Frauen), Leinenkappe für Mädchen.

2. Unzumutbare Beeinträchtigungen der Interessen und herkömmlichen Nutzungen der einheimischen Bevölkerung sind zu vermeiden. Jegliche Nutzungsinteressen sind mit dem Schutzzweck im Allgemeinen und im Einzelfall gerecht abzuwägen.

Der Gast mag dem Piloten zustimmen, daß es eines großen Fingerspitzengefühls und einer breiten Einbeziehung der Betroffenen von seiten der federführenden Behörden bedarf, um die notwendige Akzeptanz bei der Bevölkerung zu erreichen.

In einem sind sich aber wohl alle einig:

Aus dem Kampf gegen die Nordsee muß ein Kampf für die Nordsee werden; denn sie ist nicht nur der Angreifer, sondern inzwischen auch die Angegriffene. Sie, die durch ihre Dynamik im Wechselspiel von Ebbe und Flut diese einzigartigen, wundersamen Watten aufgebaut hat, bedarf heute unserer Pflege, unserer Zuneigung, ja, unserer Liebe.

Bei der Landung erlebt der Fluggast noch einmal Eiderstedt pur: Sonnenschein und 20 Knoten Seitenwind. Doch für Piloten, die mit den Wetterbedingungen der Halbinsel Eiderstedt vertraut sind, bedeutet dieser Seitenwind keine Schwierigkeit. Die Maschine rollt aus. Der Gast aber ist um ein unvergeßliches Erlebnis reicher.

Sanfter Tourismus

Wie die junge Familie auf dem Foto vor dem Finkhaus-Halligkoog nutzen viele Gäste den „Treibselabfuhrweg“ am Fuß des Außendeichs für ausgedehnte Rad- oder Fußwanderungen in herrlich frischer, abgasfreier Luft mit unbehindertem Blick auf die endlose Weite des nahen Wattenmeeres. Der mächtige Seedeich mit seinen friedlich grasenden Schafen schützt nicht nur vor Sturmfluten, sondern auch Ohr und Auge vor dem Lärm und der Geschäftigkeit unserer aufgeregten Zeit. Aber auch binnendeichs bieten sich dem Spaziergänger und dem Radfahrer auf der Halbinsel noch viele einsam-stille Feldwege für Ausflüge an.

Eiderstedt ist eine von Menschenhand geschaffene Kulturlandschaft, in der sich ein eigenständiger und spezifischer Naturraum entwickelt hat. Deutlich wird hier: Wo weniger Menschen auf einem Quadratkilometer leben, hat die Natur mehr Raum. Dieses „Paradies“, wie es viele schon nennen, innerhalb und außerhalb der Deiche in einem erholsamen Urlaub zu erleben, ist das Angebot der Eiderstedter Fremdenverkehrsgemeinschaft an seine Gäste. Dabei achtet man darauf, daß das „Kapital Natur“ nicht durch ungehemmtes Wachstum im Tourismusbereich in Form von Bettenburgen und Ferienzentren Schaden nimmt; denn die Bewahrung der natürlichen Gegebenheiten und damit der Identität unserer Landschaft liegt im Interesse der hier lebenden und arbeitenden Bevölkerung und letztlich auch seiner Gäste. Weite Teile des Marschlandes werden – wie früher – extensiv bewirtschaftet.

Die Anzahl der Gästebetten (die des Nordsee-Heilbades St. Peter-Ording ausgenommen) ist mit 8000 bis 10 000 seit Jahren konstant geblieben. Sie verteilen sich über die ganze Halbinsel.

Eiderstedt ist durch seine Lage und seine Beschaffenheit prädestiniert für naturverträgliche sportliche Aktivitäten: Schwimmen, Surfen, Golfen, Reiten, Radfahren und Wandern. Auch versuchen sich manche Gäste in den hier ausgeübten landschaftsgebundenen Sportarten oder nehmen doch zumindest lebhaften Anteil daran. Eine sehr alte Form des Volkssports, den schon Theodor Storm in seinem „Schimmelreiter“ ausführlich beschrieb, ist das Boßeln. Eine kleine, 500 g schwere, mit Blei ausgegossene Hartholzkugel wird mit gestrecktem Wurfarm nach kurzem Anlauf und einer schnellen Drehung, gleich einem Diskus, fortgeschleudert. Geübte Werfer können dabei Weiten um die 80 m erreichen.

Fast jeder Ort hat seinen Boßelverein. Im Wettkampf, der nach überlieferten Regularien und Zeremonien ausgetragen wird, stehen sich überwiegend ganze Mannschaften gegenüber. Hat eine Mannschaft die andere im Laufe des „Gefechts“ um eine volle Wurfweite überflügelt, hat sie ein

„Schott“ errungen. Ein kleiner Vorsprung am Ende des Wettkampfes wird als „Kiekut“ ausgewiesen.

Im Laufe der Boßelgeschichte hat es aber auch Einzelkämpfe zwischen den besten Boßlern benachbarter Landschaften gegeben. So ist noch heute das große Ereignis vom Februar 1909 in guter Erinnerung: Der Eiderstedter Johannes Hinrichs aus Osterhever besiegte seinen Dithmarscher Herausforderer Kock aus Büsum unter großer Anteilnahme der Bevölkerung auf einer abgesteckten Bahn bei Friedrichstadt am Eiderdeich mit dem klaren Ergebnis von zwei „Schott“ und einem kleinen „Kiekut“. Er hatte in nur acht Würfen die Gesamtweite der zehn Würfe seines Kontrahenten Kock übertroffen und wurde im Triumphzug heimgeleitet.

Um ohne zeitraubende Umwege von einer Fenne in die andere zu gelangen, benutzten die Marschbewohner von jeher den Klootstock zur Überwindung der vielen Gräben. Der 3 bis 4 m lange Holzstab, am unteren Ende durch einen Klotz (einen Kloot) verbreitert, wird im ersten Drittel des Grabens fest auf den Untergrund gedrückt.

Mit einem kräftigen Schwung und der auf dem Bild erkennbaren Armhaltung erreicht der Geübte sicher und elegant das jenseitige Ufer. Noch heute ist der Klootstock eher ein Gebrauchsgegenstand denn ein Sportgerät. Für die Gäste aber ist das Klootstockspringen mehr ein beliebter Sport, der nicht selten in der Grabenmitte endet.

Ein mit großer Begeisterung ausgeübter Volkssport ist in Eiderstedt das Ringreiten. Mit einer Lanze wird vom galoppierenden Pferd aus nach einem aufgehängten Ring gestochen, den es gilt aufzuspießen. Es geht dabei um die Königswürde und begehrte Placierungen. Ein ganz besonderes und beeindruckendes Ereignis ist das im Abstand von drei Jahren stattfindende Landes-Ringreiten, bei dem z. B. 1991 in Bredstedt 393 Reiter aufmarschierten und um den Titel eines „Landeskönigs“ stritten.

Die weiträumige, feste Sandbank vor St. Peter-Ording bietet eine ideale Voraussetzung für eine weitere, nicht alltägliche Sportart: das Strandsegeln. Mut, Kraft und Geschicklichkeit gehören für einen Piloten schon dazu, die dreirädrigen Jachten, steuerbar über das Vorderrad, bei entsprechendem Wind mit Geschwindigkeiten bis zu 100 Stundenkilometern sicher und erfolgreich über die Sandpiste zu bringen. Die Sandbank war auch schon Austragungsort für Welt- und Europameisterschaften in dieser Disziplin.

Literaturhinweise

Asmussen/Pauls/Volquardsen, 700 Jahre Tetenbüller Trockenkoog. Breklum 1985

Peter Buchwald, Die Bake auf Süderoog-Sand. Husum 1989

Der Minister für Wirtschaft und Forsten des Landes Schleswig-Holstein, Nationalpark Schleswig-Holsteinisches Wattenmeer. Heft 23, Kiel 1985
Die Heimat. Heft 10/11, Neumünster 1991

Eiderstedter Heimatbund, Blick über Eiderstedt. 2. Auflage Heide 1970

Walter Fiedler, Eiderstedt. 8. Auflage Breklum 1986

Ludwig Fischer, Haubarge. Bredstedt 1984

Anton Heimreich, Nordfriesische Chronik. Schleswig 1666

Rudolf Koop, Eiderstedter Heimatbuch. 1. Teil: Besiedlung und Bedeichung. Garding 1936

Rolf Kuschert, Landesherrschaft und Selbstverwaltung in der Landschaft Eiderstedt unter den Gottorfern (1544 bis 1713). Neumünster 1981

Lehrer des Kreises Eiderstedt, Eiderstedt, Beiträge zur Heimatkunde. Garding 1910

Charlotte Lönne, Practisches Kochbuch. 3. Auflage Schleswig 1843

L. C. Peters, Nordfriesland. Husum 1929

Ulf Postel, 400 Jahre Stadt Garding. St. Peter-Ording 1990

Ove Rogby, Niederdeutsch auf friesischem Substrat. Uppsala 1967

Peter Sax, Werke zur Geschichte Nordfrieslands und Dithmarschens. St. Peter-Ording 1988

Stadt Tönning, Tönning im Wandel der Zeiten. Husum 1990

Dr. Wilfried Knief von der Staatlichen Vogelwarte in Kiel stellte dankenswerterweise seine Unterlagen über die Bestandsentwicklung der Graureiher zur Verfügung.

Ein herzlicher Dank gilt Dipl.-Ing. Joachim Karsten vom ALW Husum sowie Deichbaumeister Thieß Thießen vom Deich- und Hauptsielverband Garding für die Überlassung vieler Informationen zur Entwässerung Eiderstedts.

Bildnachweis

S. 8 Unteres Bild: Foto Dr. Helmut Kröger – S. 9 und 10: Archiv St. Peter-Ording – S. 35 Foto Hans Raabe – S. 36 Foto Hans Raabe – S. 38 Sammlung Harrel von Ahnen – S. 40 Oberes Bild: Foto Hans Raabe – S. 50 Foto Hans Raabe – S. 53 Foto Frauken von Ahnen – S. 58/59 Fotos Rudolf Pohrt – S. 63 Foto Reimer Eberhard – S. 64 Fotoarchiv Hermann Dose – S. 68 Fotoarchiv Dr. Rolf Kuschert – S. 69 Fotoarchiv Nanke von Ahnen
Alle übrigen Aufnahmen: Walter Raabe